Vater für die Armen

Umschlag:
Der heilige Otmar (rechts) und
der heilige Gallus (links)
in einem 1544 von Fridolin Sicher
geschriebenen Antiphonar
des Klosters St. Gallen.
St. Gallen, Stiftsbibliothek,
Cod. Sang. 541, S. XV.

Vater für die Armen
Otmar und die Anfänge des Klosters St. Gallen

Sommerausstellung
12. März 2019 bis 17. November 2019

Herausgegeben von Cornel Dora

Verlag am Klosterhof, St. Gallen
Schwabe Verlag, Basel
2019

Gestaltung und Satz
TGG Hafen Senn Stieger, St. Gallen

Druck und Ausrüstung
Cavelti AG, Gossau

Bestelladressen
Stiftsbibliothek St. Gallen
Klosterhof 6d
9000 St. Gallen/Schweiz
stibi@stibi.ch
www.stiftsbibliothek.ch

Schwabe Verlag
www.schwabeverlag.ch
CH:
Buchzentrum AG
Industriestr. Ost 10
6414 Hägendorf
kundendienst@buchzentrum.ch

DE / AT / übrige Länder:
Stuttgarter Verlagskontor SVK GmbH
Rotebühlstrasse 77
Postfach 10 60 16
70178 Stuttgart
Deutschland
svk@svk-service.de

St. Gallen: Verlag am Klosterhof, 2019
ISBN 978-3-905906-33-2

Basel: Schwabe Verlag, 2019
ISBN 978-3-7965-3995-4

Vorwort

719, vor 1300 Jahren, übertrug der lokale Machthaber Waltram dem aus Alemannien stammenden und in Chur ausgebildeten Otmar die Leitung der religiösen Gemeinschaft am Gallusgrab. Abt Otmar belebte die um 612 von Gallus begründete, im weitesten Sinn bereits monastische Gemeinschaft an der Steinach neu.

Otmar etablierte die Abtei St.Gallen als religiöses Zentrum mit wachsender Ausstrahlung und schuf die institutionelle Grundlage für das Goldene Zeitalter des Klosters vom 9. bis zum 11. Jahrhundert. Sein Leben, sein Wirken und seine Welt werden in dieser Begleitschrift zur Sommerausstellung 2019 der Stiftsbibliothek nachgezeichnet. Sie wird ergänzt durch die immer noch nützliche Übersetzung der Otmarsvita Walahfrid Strabos durch Johannes Duft mit den dazu passenden Bildern aus dem St.Galler Legendar (Cod. Sang. 602) aus der Mitte des 15. Jahrhunderts.

Für die Vorbereitung und Umsetzung der Ausstellung und dieses Katalogs danke ich dem wissenschaftlichen Team der Stiftsbibliothek herzlich, insbesondere Franziska Schnoor und Andreas Nievergelt, ebenso Jörg Lauster für seine inspirierende Einleitung und Lorenz Hollenstein für seinen Beitrag zur Kopfreliquie Otmars in Prag.

Grosser Dank gebührt auch unseren Behörden: der Stiftsbibliothekskommission, dem Katholischen Administrationsrat und den Katholikinnen und Katholiken des Kantons St.Gallen, die den Betrieb unserer Bibliothek und unseres Museums zusammen mit Bund, Kanton und Stadt St.Gallen tragen.

Wir wünschen den Leserinnen und Lesern eine inspirierende Begegnung mit Otmar, dem sozialen Heiligen St.Gallens.

Cornel Dora, Stiftsbibliothekar

Die älteste Darstellung des heiligen Otmar mit dem Weinfässchen als Attribut.

St.Gallen, Stiftsbibliothek
Cod. Sang. 586, S. 323
Papier, 498 Seiten
22 × 15.5 cm
Kloster St.Gallen, Friedrich Kölner, 1430/1436

Abt Otmar und die Bedeutung des klösterlichen Geistes für die Kultur Europas

Jörg Lauster

Mit Blick auf die Welt im Ganzen muss in unseren Tagen die Region um den Bodensee als ein Idyll erscheinen, das dem Paradies auf Erden recht nahe kommt. Die Natur zeigt sich in ruhig fliessender Schönheit, die Bewohner sind in globalen Massstäben gemessen wohlhabend und teilen sich trotz unterschiedlicher nationaler Abkunft friedlich Ufer und Hinterland des grossen Sees. Das Anziehende dieser Region mussten auch schon die Menschen der Antike, der Spätantike und des frühen Mittelalters gespürt haben. Denn die Geschicke, die sich hier ereigneten, entfalteten weitreichende Folgen für die europäische Kulturgeschichte. Der Name St. Gallen ist darum ein Doppeltes, ein Ortsname und zugleich ein Symbol für den werdenden Geist europäischer Kultur.

In den Wirren der Spätantike, die wir etwas verharmlosend mit dem Begriff der «Völkerwanderung» bezeichnen, zerfiel zunächst die Welt des römischen Reiches.[1] Kurz nach dieser Zeit begann die Wirksamkeit der ersten christlichen Missionare am Bodensee, des Iren Kolumban und seines Schülers Gallus. Die Quellen geben trotz ihres legendarischen Anteils einen guten Einblick, dass Gallus zunächst sehr mühsam der urwüchsigen und wilden Natur einen Lebensraum abringen musste. Auf einen Bären musste er – so die Legende – einreden, damit er ihn in Frieden hier wohnen liessen, auch Wölfen begegnete er, die Schlangen des Urwaldes zogen sich vor der Heiligkeit des Mannes freiwillig zurück. Gallus baute offensichtlich eine eher eremitisch geprägte Gemeinschaft aus, die aber dennoch sehr wohl ihr mönchisches Dasein mit sozialer Fürsorge verband und darum über ein hohes Mass an Anziehungskraft verfügte. Als Otmar hundert Jahre nach Gallus hier sein Wirken begann, hatte sich bereits so etwas wie ein kultureller Quantensprung ereignet. Es ging nicht mehr um Rodung von Wäldern und Urbarmachung der Natur, sondern darum, die christliche Lebensform des Klosters religiös, politisch und ökonomisch zu etablieren und zu stabilisieren. Es ist dieser Übergang, der den entscheidenden Wendepunkt markiert, und wie bei allen Übergängen folgt die Entwicklung nicht einfach einer geraden Linie. Der Blick auf den Abt Otmar und sein Wirken hilft uns, die Wehen dieses Übergangs im Detail besser zu verstehen.

Die Idee des Klosters: von der Wüste an den Bodensee

Wenn wir heute sagen können, dass die europäische Kultur wesentliche Impulse den christlichen Klöstern des Mittelalters verdankt, ist das selbst jedoch an eine Voraussetzung gebunden. Die Idee des Klosters ist keine europäische Erfindung. Das Kloster war eine Einrichtung, die in der Wüste geboren wurde. Mit dem Anwachsen der Grosskirche mehrte sich stets auch Kritik an den notwendigen Kompromissen einer massenhaft praktizierten Religion. Das jesuanische Ideal des auf allen Besitz und weltliche Bande verzichtenden Wandercharismatikers, das bei der Entstehung des Urchristentums vermeintlich so rasch an den Rand gedrängt wurde, brach immer wieder in asketischen Formen durch. Als fassbare Grösse trat das asketische Ideal seit dem 4. Jahrhundert in Syrien, Palästina und vor allem in Ägypten ans Licht. Seinen Ursprüngen nach ist das Mönchtum als eine Protest-, Freiheits- und Erneuerungsbewegung in einem charakterisiert worden, die sich gegen die voranschreitende Abkühlung der grossen Kirche richtete. Die ägyptische Wüste ist der Ort, an dem der prominenteste Mönch seine Wirkung sogar noch vor der konstantinischen Wende entfaltete. Das griechische Wort *monachós,* lateinisch als *monachus* übernommen, bezeichnet den, der allein und einzigartig lebt. Beides tat der Wüstenvater Antonius, der bereits um 285 seine mönchische Lebensform aufnahm.

Antonius zog sich aus der Welt zurück und lebte als Eremit in der Wüstenlandschaft östlich des Nils. Sein Beispiel machte Eindruck und zog Anhänger an. Eine andere, nicht minder anziehende Idee vom mönchischen Leben hatte Pachomius. Er begründete um 325 in Oberägypten das Kloster als gemeinschaftliche Lebensform und verfasste eine Klosterregel, die sich sowohl mit den praktischen Fragen des Zusammenlebens als auch den Motiven des Mönchtums beschäftigte. Die monastische Lebensweise war ein grosser Erfolg, sie zog Tausende von Anhängern an. Mit Pachomius' Klostergründung löste das Zusammenleben der Mönche, das Zönobitentum, keineswegs die Eremiten ab. Die Spannung zwischen der einsamen Flucht der Eremiten aus der Welt und dem mönchischen Zusammenleben der Zönobiten durchzieht die Geschichte des Mönchtums bis heute.

Das östliche Mönchtum hat mit beiden Strömungen, den Eremiten und den Zönobiten, den Westen des römischen Reichs nachhaltig beeinflusst. Martin von Tours – der Heilige, der alljährlich von Katholiken und inzwischen auch von Protestanten in den Laternenzügen am 10. oder 11. November besungen wird – verkörperte eher den Geist der Eremiten. Wichtige Klostergründungen kamen eine Generation nach ihm in Südfrankreich zustande. Sie führten in vielem die ägyptischen Vorbilder fort und setzten doch auch deutlich andere Akzente. Die Verbindung des Klosters mit dem Ideal philosophischer Zurückgezogenheit und Bildung war bestes Erbe römischer Intellektualität. Honoratus gründete um 400 auf Lérins, einer Insel vor Cannes, eine Klostergemeinschaft, der Priester Johannes Cassianus etwa 415 eine in Marseille. Beide hatten Ägypten besucht und sich beim Aufbau ihrer Klöster an diesen Erfahrungen orientiert. Hinzu kam aber noch eine andere, die erwähnte spezifisch ‹westliche› Note. Den südfranzösischen Klöstern wandten sich viele Mitglieder der gebildeten gallorömischen Oberschicht zu, auch Klöster für Frauen wurden eingerichtet. In den aufkommenden Wirren der Völkerwanderung und dem sich abzeichnenden Zusammenbruch des römischen Reiches fanden sie in den Klöstern im Süden Zuflucht und verbanden dies mit dem altrömischen Ideal des Rückzugs zum Landleben. Cicero und an ihn angelehnt Augustinus hatten dieser philosophischen Lebensform des Rückzugs aus der Welt zum Zwecke des geistigen Austauschs in den *Gesprächen in Tusculum* oder in den *Dialogen in Cassiciacum* literarische Denkmäler gesetzt. Vor allem der Römer Cassiodor übernahm dieses Bildungsideal in seine spätantiken Gemeinschaftsgründungen in Süditalien. Für ihn gehörte zum klösterlichen Gemeinschaftsleben auch das Studium antiker Autoren, daher machte er die Sammlung ihrer Schriften zu einer wichtigen Aufgabe seiner Bibliothek. Nicht alle Klöster orientierten sich zunächst an diesem Ideal, aber spätestens in der karolingischen Renaissance wurde dies zu einem festen Bestandteil des Klosterlebens.

Die klösterliche Lebensform folgte einem Plan der schrittweisen Lebensvervollkommnung. Dazu diente ein festgefügter Tagesablauf, den Cassian mit der folgenreichen Idee der Stundengebete liturgisch rahmte. Es war aber auch erforderlich, sich selbst zu erforschen. Der Mönch musste die eigenen Schwächen genau in den Blick nehmen, um sie überwinden zu können. Er sollte das Bewusstsein für die Gefahren aus dem eigenen Inneren schärfen. Um dagegen anzukämpfen, bedurfte es der dauerhaften asketischen Übung und der besonderen Seelenführung. Die klösterliche Existenz war kein Zustand, sondern der Prozess einer stetig an sich arbeitenden Lebensführung. Schon die frühen Formen des Klosters im Westen haben damit ein Doppeltes für die abendländische Kulturgeschichte auf den Weg gebracht: eine Kultur der Selbstbeobachtung im Verbund mit dem Ideal einer disziplinierten Lebensführung.

Die verschiedenen Strömungen des frühchristlichen Mönchtums verband schliesslich Benedikt von Nursia mit grösster Prägekraft. Die ihm zugeschriebene Benediktsregel ist das wichtigste Fundament westlicher Klosterkultur. Aus den späteren Angaben kann man schliessen, dass Benedikt um etwa 480 in Nursia, dem heutigen Norcia in Umbrien, in eine offensichtlich vermögende Familie hineingeboren wurde. An einem Studium in Rom fand er wenig Gefallen und zog sich – hier kehrt das typische Moment des Mönchtums wieder – in die Einsamkeit der Berge zurück. Östlich von Rom lebte er für Jahre in einer Grotte in Subiaco, er wurde von einer klösterlichen Gemeinschaft in der Umgebung zum Abt gewählt, verliess die Gemeinschaft aber dann wohl im Streit. Nach einem weiteren Rückzug in die Einsamkeit gründete er mit seinen Anhängern um 530 das Kloster Monte Cassino. Kurz danach könnte die Regel entstanden sein. Zwischen 555 und 560 starb Benedikt. Die Regel liefert einen vorzüglichen Einblick in den Geist des klösterlichen Lebens. Regelwerke begleiteten das Mönchtum von Anfang an, Pachomius verfasste eine Regel und auch Cassians *Institutiones* erhoben einen ähnlichen Anspruch, ebenso entwarfen auch die Kirchenväter Basilius und Augustinus Programme des monastischen Lebens. Im Westen setzte sich Benedikts Regel als massgeblicher Typ auch aller späteren Ordensregeln durch. Die Benediktiner gelten daher als der älteste Orden der westlichen Kirchen. Allerdings dauerte es über zwei Jahrhunderte, bis die Regel ihre Geltung erlangte und man im eigentlichen Sinne von Benediktinern sprechen kann. Es waren mehrere Gründe, die Benedikts Regel tonangebend werden liessen. Die Protektion eines hochgeschätzten Papstes, Gregor des Grossen, und später die auf vereinheitlichende Ordnung zielende Religionspolitik der Karolinger waren wichtige Faktoren für ihren Aufstieg.

Es gilt als sicher, dass Benedikt zentrale Elemente seiner Vorgänger Pachomius, Cassian, Basilius und Augustinus übernahm. Moderne Plagiatsjäger kämen auf ihre Kosten. Doch Benedikt war ein italienischer Mönch des 6. Jahrhunderts. Er hatte nicht die Absicht, mit dem Schmuck fremder Federn seine eigene Karriere zu befördern. Die Kompilation war Ausdruck einer tiefen Ehrfurcht vor den Leistungen seiner Vorgänger, er fügte deren Überlegungen zusammen und verlieh ihnen seine eigene Note. Sie zog die Summe der klösterlichen Lebensformen in einer imposanten Mischung aus römischer Klarheit und Disziplin, asketischer Frömmigkeit, einem feinen Sinn für die feierliche Praxis des Gebets und einem nüchternen Pragmatismus. Wichtige Erscheinungsformen des abendländischen Mönchtums sind bei Benedikt grundgelegt und haben noch heute, eineinhalb Jahrtausende später, Geltung, wie die einheitliche Kleidung, die festen Gebetszeiten, geregelte Mahlzeiten mit Lesung, die Verbindung von Bibelstudium und Arbeit sowie vor allem die mönchischen Ideale des Gehorsams, des Besitzverzichts und der Ortsgebundenheit. Das Stundengebet der Mönche strukturiert den Tag nach der Ordnung der Heilsgeschichte. Die Gebetsabfolge ist dadurch als kontinuierlicher Lobpreis Gottes gedacht, sie bedeutet aber zugleich auch, die eigene Zeit in den tieferen Sinn göttlicher Zeitordnung einzustellen. Es ist der Hauch der Ewigkeit, der im Stundengebet jeden Tag durchweht. Ebenso begründete Benedikt die *stabilitas loci*, die den Mönch zeit seines Lebens an sein Kloster bindet. Kolumban und Gallus wussten davon noch nichts. Zu den praktischen Regeln gehörte auch die Aufforderung zu körperlicher Arbeit, auch wenn man das *Ora et labora* vergeblich in der

Benediktsregel suchen wird. Darüber hinaus führte Benedikt aus, wie mit Verfehlungen umzugehen sei oder wie im Falle von Krankheit die Fastengebote zu wahren seien. Bei aller gebotenen Strenge der Askese liess Benedikt dabei auch eine Milde erkennen, die mehr aufrichtiger Humanität als pragmatischen Erwägungen geschuldet ist. Auch darin liegt eine Wurzel der später durchschlagenden Wirkung. An den Entwicklungen in St. Gallen lässt sich dieser Übergang vorzüglich studieren. Gallus schien seine Gemeinschaft noch nach einem recht vagen Regelwerk geführt zu haben, das eher auf Einsiedler zugeschnitten war. Otmar hingegen führte wohl mehr und mehr zönobitische Regularien ein, um schliesslich unter dem Einfluss der Karolinger die Benediktsregel für St. Gallen zu übernehmen. Otmars Werdegang steht also selbst dafür, wie die Regel Benedikts zunehmend zu grösserer Durchsetzung gelangte. Über ihn gelangte der Geist der Wüste an den Bodensee. Doch wissen wir aus Otmars Geschick, dass wir uns diesen Übergang nicht mühelos vorstellen dürfen. Otmars Vorstellungen vom Klosterleben waren nicht weit von Benedikts Regel entfernt, vieles lag zu jener Zeit offensichtlich in der Luft, die Übernahme seiner Regel ist aber dann doch vor allem auch politischen Motiven geschuldet. Die Karolinger gaben der Regel den Vorzug im Interesse einer Vereinheitlichung des Klosterlebens in ihrem Reich. Obwohl sich Otmar dieser anschloss, geriet er in den politischen Konflikt zwischen Alemannen und Franken, der seine letzten Lebensjahre sehr beschwerte. Es ist der Luxus einer kulturgeschichtlichen Grossperspektive, wenn wir diese Wehen des Übergangs heute grosszügig meinen überfliegen zu können. Für die Zeitgenossen war es ein mühsamer Prozess mit weitreichenden Folgen. Der Abt Otmar steht an diesem markanten Wendepunkt und weist die Richtung.

Die Geburt Europas aus dem Geist des Klosters

Die aussergewöhnliche Bedeutung des Klosters für die europäische Kulturgeschichte umfasst mehrere Faktoren. Der benediktinische Geist hat eine innere Haltung hervorgebracht, die einen Wesenszug europäischer Mentalität ausmacht. Die benediktinische Askese bedeutet im Wesentlichen methodisierte Lebensführung, und in diesem Sinne ist Europa tatsächlich aus dem Geist der Askese geboren. Das mag aufs Erste befremden, denn die asketische Seite des klösterlichen Lebens verträgt sich mit den Idealen der heutigen Lebenswelt offensichtlich am wenigsten. Askese gilt als weltfremd und sinnenfeindlich und steht darum für das glatte Gegenteil von dem, was eine Welt begehrt, die aus gegenwärtiger Fülle zu leben hofft.

Die asketische Praxis der Mönche vereinte vielfältige Einflüsse in sich, darunter auch das beste Erbe antiker Philosophie. Platon und die Neuplatoniker lieferten das metaphysische Grundgerüst für eine Haltung, in der sich das Denken über die Sinnenwelt zur Erkenntnis des höchsten Guts erhob, die Stoiker entwarfen Konzepte einer dauerhaften Einübung des Willens zur Herrschaft des sich selbst genügenden Geistes über den eigenen Körper und das Schicksal. Damit war der Weg zu einer methodisierten Lebensführung anhaltender Selbstbeobachtung und Prüfung geebnet. Eingebettet in dieses philosophische Konzept der «Sorge um sich selbst» ist die Askese fester Bestandteil antiker Weisheitslehren. Mit Askese ist dabei die Übung gemeint – das heisst Askese auch wörtlich übersetzt –, die eigene Lebensführung auf den erkannten tieferen und der sinnlichen Wahrnehmung entzogenen Sinn hin auszurichten. Zu dieser Weisheit gehört im Dienste des höheren Gutes auch der Verzicht. Die Askese des Mönchtums hatte aber natürlich auch genuin christliche Wurzeln, die sich bis auf Jesus zurückverfolgen lassen. Dazu zählte wesentlich der Gedanke, Leiden um eines höheren Zweckes willen auf sich zu nehmen oder gar sein Leben für andere zu geben. Daher ist mönchische Askese vor allem und zuerst Christusnachfolge. Die Grundidee verband sich mit dem antiken Weisheitsideal. Christusnachfolge ist Gegenstand einer unausgesetzten Übung, einer Selbstdisziplinierung und Selbstvervollkommnung. Die besondere Note aus der Vereinigung von Christusnachfolge und philosophischer Askese ist die eschatologische Ausrichtung. Das letzte Ziel ist das Himmelreich. Die Gewissheit eines höheren Sinns und eines tieferen Grunds aller Wirklichkeit gibt dem Leben eine andere Richtung. Was als Verzicht und Selbstverleugnung erscheint, dient letztlich dem Gewinn von Freiheit und Weltüberlegenheit. Dass die Askese kein Selbstzweck war, können wir an den Übergängen in St.Gallen eindrücklich feststellen. Denn der Verzicht auf das Eigene war immer auch eingebunden in die Fürsorge für die Anderen. Die Klöster waren nicht nur Stätten der disziplinierten Selbstvervollkommnung und des grandiosen Bildungstransfers, sie waren auch Orte der Sozialfürsorge, der

Kranken- und Armenpflege. Das eine war ohne das andere nicht zu haben. Auch hier hat Otmar wichtige Übergänge eingeleitet.

In St. Gallen wurden mit Gallus vor 1400 und mit Otmar vor 1300 Jahren Entwicklungen mit in Gang gesetzt, denen wir noch heute unendlich viel zu verdanken haben. Sie haben wesentlich zur Ausformung europäischer Kultur beigetragen. Auch wenn das Kloster als Lebensform in unseren Tagen unter schwindender Beliebtheit leidet, ist trotz des askesefeindlichen Klimas moderner Kultur der alltäglichen Lebenserfahrung das Paradox nicht fremd, dass erst Verzicht Freiheit bedeutet: Freiheit von sich selbst und Freiheit für andere. Man muss daher auch nicht lange suchen, um Fortwirkungen dieser asketischen Praxis zu suchen. Sie reicht von den Empfehlungen der Lebenskunst in der frühen Neuzeit bis zu Schopenhauers Lobpreis des Verzichts auf die Selbstdurchsetzung des eigenen Willens. Schopenhauer berührte in seinem Programm der Willensverneinung etwas davon, was der Gehorsam des monastischen Lebens meint. Es überrascht schliesslich nicht, dass in einer Kultur wie der unseren, die möglicherweise die Fülle ihrer Möglichkeiten überschritten haben könnte, selbst die gemeinhin gering geschätzte Askese Aufmerksamkeit auf sich zieht. Das Kloster ist eine wichtige Institution des Christentums, es ist zudem ein kulturelles Symbol für die Tiefe des Lebens. Hier in St. Gallen wurde Wichtiges auf den Weg gebracht, und wenn wir uns heute an den Abt Otmar erinnern, dann statten wir damit auch Dank ab für all die Wegbereiter, die uns und unsere Kultur auf den Weg gebracht haben.

Audomarus abbas in monasterio Sancti Galli Confessoris **(«Otmar, Abt im Kloster des heiligen Bekenners Gallus»). Erster Eintrag im ab 804 angelegten Professbuch des Klosters St. Gallen.**

St. Gallen, Stiftsarchiv C3 B56
Pergament, 24 Seiten
27.7 × 18.6 cm
Kloster St. Gallen, 9./10. Jahrhundert

AUDOMARUS ABB IN MONASTERIO SCI GALLI conf

ego flecuinus prb pmitto oboediencia stabilitate coram do & scis &
ego constantius prb pmitto oboed stab corā dō & scis &
ego exsuperatus prb pmitto oboed stab corā dō & scis
ego petrus diac promitto ut supra corā dō &
ego ædalmarus prom oboed stab corā dō &
ego uuoluoinus prom oboed stab corā dō &
ego laendolinus prom oboed stab corā dō &
ego echo theotinus prom oboed stab corā dō &
ego hildolfus prom oboed stab corā dō &
ego ostmarus prom oboed stab corā dō &
ego chincho prom oboed stab corā dō &
ego uuatto prom oboed stab corā dō &
ego uualdgaer prom obod stab corā dō &
ego ello prom oboed stab corā dō &
ego cotfridus prom oboed stab corā dō &
ego reginolfo prom oboed stab corā dō &
ego hecpinolf prom oboed stab corā dō &
ego uuanbertus prom oboed stab corā dō &
ego Zeizmuat prom oboed stab corā dō &
ego uuinidolfus pr prom oboed stab corā dō &
ego amalbertus prom oboed stab corā dō &
ego uualahus prom oboed stab corā dō &
ego theoto prom oboed stab corā dō &
ego uuaido prom oboed stab corā dō &
ego sigoinus prom oboed stab corā dō &
ego uuazulfus prom oboed stab corā dō &

Zwei Anfänge des Gallusklosters

Cornel Dora

Was den Anfang des Klosters St.Gallen betrifft, bestehen zwei Traditionen.[2] Die eine führt den Ursprung auf den irischen Missionar Gallus zurück, der 612 in der Nähe eines Wasserfalls der Steinach eine Hütte baute und eine monastische Gemeinschaft im Geist seines Lehrers, des heiligen Kolumban des Jüngeren, begründete. Die andere lässt das Kloster mit Otmar beginnen, der am Gallusgrab 719 ein stärker institutionalisiertes Klosterleben einführte.

Der Impuls Otmars ein Jahrhundert nach der Ankunft von Gallus leitete zwar die Entwicklung des Klosters St.Gallen zum wichtigen kulturellen und politischen Zentrum im Bodenseeraum ein. Aber diese baute auf einer bereits bestehenden spirituellen und monastischen Vorgeschichte auf, die zu Gallus zurückführt.[3]

Aus den erhaltenen Quellen, insbesondere aus den drei Versionen der Gallusvita, lässt sich schliessen, dass Gallus nicht allein siedelte, sondern eine monastische Gemeinschaft begründete, die im weiteren Sinn als Kloster angesehen werden kann.[4] Diese Mönchsgemeinschaft muss man sich gemäss der Praxis Kolumbans nicht in Mauern, sondern als Willensgemeinschaft vorstellen. Sie war nur rudimentär reguliert, der Leiter oder Abt war normative Bezugsperson als eine Art lebende Regel.[5]

Die Gallusleben von Wetti und Walahfrid berichten, dass Gallus einige Zeit nach seiner Ankunft, wohl um das Jahr 615, mit Hilfe der weltlichen und geistlichen Machthaber eine Siedlung für zwölf Mönche errichtete, und dass diese nach einer Regel lebten.[6] Etwa gleichzeitig erhielt er von seinem Lehrer Kolumban, der am 23. November 615 in Bobbio verstorben war, den irischen Abtsstab, die Cambutta.[7] In dieser Stabübergabe lässt sich das bei den Iren übliche Ritual der Ernennung zum Abt erkennen, auch wenn es nicht explizit gesagt wird.[8]

Ob sich Gallus tatsächlich als Abt im Sinn von Kolumban verstand, muss offen bleiben. Jedenfalls war er gemäss den erwähnten Zeugen das charismatische Zentrum einer in der Gegend neuartigen Gemeinschaft von Brüdern, die nach einer Regel lebten. Wir dürfen in Gallus und den Brüdern um ihn deshalb die früheste klosterartige Niederlassung im Bodenseeraum sehen. Der deutsche Begriff «Kloster» ist hier nicht im Sinn von lateinisch *claustrum* («geschlossen») zu verstehen, sondern im Sinn von *monasterium* (französisch «monastère», englisch «monastery»), also als eine Gruppe von Menschen, die gemeinsam ein monastisches Leben in idealistisch-spiritueller Ausrichtung führen.

Dass es eine Gemeinschaft um Gallus gab, wird durch die archäologischen Ausgrabungen gestützt, die von 2009 bis 2013 im Stiftsbezirk durchgeführt wurden. Sie belegen, dass bereits zu Lebzeiten von Gallus das Gebiet des heutigen Stiftsbezirks – 60'000 Quadratmeter – vollständig gerodet war und bewirtschaftet wurde.[9] Die Gallusgemeinschaft muss sich deshalb bereits zwischen 615 und 640 zu einer Mönchssiedlung mittelgrossen Umfangs entwickelt haben, die von einer weltlichen Infrastruktur umgeben war. Die schon in der frühen Chronistik so genannte «Galluszelle» war somit keine Zelle, sondern eine von einer Siedlung umgebene Mönchsgemeinschaft.[10]

Dass es von der Ankunft von Gallus 612 bis zur Amtseinsetzung Otmars 719 eine Kontinuität des kirchlichen Lebens und der Besiedlung gab, ist unbestritten. Die Frage ist, ob die monastische Gemeinschaft des Gallus auch weiterexistierte. Von einigen der geistlichen Betreuer am Gallusgrab zwischen 640 und 720 kennen wir dank der schriftlichen Quellen die Namen und die Funktion. Demnach sollen die Gallusgefährten Magnoald und Theodor um 680 noch am Ort gelebt haben.[11] In der ersten Urkunde des Klosters von um 700/706 (vgl. S. 22–23) erscheint Magulf als «Priester und Betreuer des heiligen Gallus».[12] Wetti erwähnt zudem wohl für die Zeit nach 710, also kurz vor Otmar, einen Stephanus, den er «Diakon» und *custos ecclesiae* («Sakristan der Kirche») nennt.[13] Als weltliche Machtträger in der Gegend nennt Ratpert in der Klosterchronik *Casus sancti Galli* den Priester Willibert, den Grafen Talto und seine Nachfahren Thiotolt, Pollo, Waldpert und Waltram.[14] Letzterer berief 719 Otmar nach St. Gallen.

Die Quellen geben keinen eindeutigen Aufschluss darüber, ob die genannten Personen Laienbrüder, Priestermönche oder Weltkleriker waren. In Kapitel 10 des zweiten Buchs seiner Gallusvita verwendet Walahfrid zunächst den Begriff *quidam religiosi clerici* («einige gottesfürchtige Kleriker») für die Gemeinschaft, wenig später nennt er sie im Zusammenhang mit dem Beginn der Tätigkeit Otmars *aliquantula monachorum congregatio* («eine kleine Mönchsgemeinschaft»).[15] Für klösterliches Leben spricht die Stelle in Kapitel 4 desselben Buchs, wonach die Brüder *ad matutinale … officium* («zur Matutin», also zum morgendlichen Stundengebet) zusammenkamen.[16] In der unklaren Verwendung der Bezeichnungen spiegelt sich wohl die noch nicht vollständig ausgeformte Begrifflichkeit in der Frühzeit der damaligen pionierhaften Klosterkultur.

In der Zeit zwischen Gallus und Otmar war die politische Welt in Bewegung und der Frieden immer wieder in Gefahr. Davon waren auch die Gallusgemeinschaft und die sie umgebende Siedlung betroffen. Kritisch für ihr Bestehen wurde es vor allem bei zwei Überfällen um 680 und um 710, von denen wir in den Galluswundern von Walahfrid erstaunlich ausführlich unterrichtet werden.[17] Beim ersten Überfall durch den «Präses» Otwin, der sich gemäss Wetti vierzig Jahre nach dem Tod von Gallus ereignete, wurden die Gallussiedlung, das Grab und die vorhandenen Altäre (es waren gemäss Wetti mehrere) gründlich geplündert. Zudem wurde eine grössere Anzahl «Menschen beiderlei Geschlechts», die am Grab des Heiligen Zuflucht gesucht hatten, gefangengenommen.[18]

Ähnliches geschah um 710/712, als der fränkische Hausmeier Pippin der Mittlere, Urgrossvater Karls des Grossen, einen seiner

Kriegszüge ins Gebiet der Alemannen unternahm. Wieder flohen zahlreiche Menschen aus der Gegend von Arbon zur Gallussiedlung. Einige Frauen und Kinder wurden gemäss den Galluviten in der Kirche aufgespürt und nach Franken in die Gefangenschaft weggeführt.[19]

Nach dem ersten Überfall durch Otwin berichtet die Vita, wie Bischof Boso von Konstanz das Gallusgrab wiederherstellte. Walter Berschin weist darauf hin, dass das vorher im Boden befindliche Grab nun als Hochgrab mit einem Sarkophag und einer Grabplatte neu erstellt wurde. Etwas mehr als eine Generation nach dem Tod des Heiligen wurde damit sein Kult nicht nur erneut etabliert, sondern im Sinn einer Erhöhung *(elevatio)* bekräftigt und stärker auf einen Erinnerungskult *(memoria)* ausgerichtet.[20]

Mit Blick auf die politische Situation Otmars wird bei beiden Überfällen deutlich, dass die örtliche alemannische Bevölkerung eine besondere Beziehung zu Gallus hatte und 710/712 vor den Franken zu seinem Grab flüchtete. St.Gallen tritt uns dadurch schon vor Otmars Zeit als spiritueller Zufluchtsort der von den fränkischen Machthabern zunehmend bedrängten Alemannen vor Augen.[21]

Otmar ist also nicht der Gründer St.Gallens, und wohl auch nicht des Klosters. Es ist aber sein bleibendes Verdienst, die Laienbrüder, Priestermönche oder Weltkleriker, die 719 noch am Ort verblieben waren, gesammelt und daraus mit viel Geschick ein Kloster geformt zu haben, das dem Geist des 8. Jahrhunderts entsprach.

Das Galluskloster

Das meiste, was wir heute über Gallus wissen, entnehmen wir den drei erhaltenen Gallusviten. Deren älteste, nur fragmentarisch überlieferte (Cod. Sang. 2106), geht nach Walter Berschin in ihrem ältesten Teil wohl auf die Zeit vor 680 zurück, ist also im Verlauf einer Generation nach dem Tod von Gallus entstanden.[22] Daraus formte der Reichenauer Gelehrte Wetti zwischen 816 und 824 eine nur in der hier abgebildeten Handschrift (Cod. Sang. 553) erhaltene Fassung, die wenig später, 833/834, von Walahfrid Strabo erneut überarbeitet wurde.[23] Letzterer verfasste anschliessend, zwischen 834 und 838, auch die Otmarsvita (vgl. S. 71). Diese drei Versionen der Gallusvita sind inhaltlich weitgehend identisch, da sie aufeinander aufbauen.

Im Hinblick auf den Anfang der Abtei St. Gallen ist die Gallusvita die wichtigste Quelle, insbesondere Kapitel 1 der *Vetustissima* bzw. I, 26 bei Wetti und Walahfrid. Demnach wandte sich Gallus nach der Einsetzung seines Schülers Johannes ins Konstanzer Bischofsamt dem Aufbau einer Mönchsgemeinschaft zu. Wetti schreibt:

«Daraufhin begann also der Heilige … mit dem Bau eines Bethauses und geeigneter Hütten für die Brüder. Er begnügte sich damit, dass zwölf Gefährten bei ihm lebten; für diese war jegliches noch so geringe Abweichen vom Pfad der Regel unziemlich.»[24]

Der Satz deutet darauf hin, dass die Mönchsgemeinschaft sich auf Gallus als ihr Haupt bezog und nach einer Regel lebte. Man darf im weitesten Sinn von einer Art Kloster sprechen. Offenbar strahlte es mit dem Charisma von Gallus in die Region aus und wurde von der Bevölkerung geschätzt und gefördert.[25]

Direkt nach dieser Stelle wird berichtet, wie Kolumban auf dem Totenbett die Übergabe seines irischen Abtsstabs, der Cambutta, an Gallus veranlasste und ihn vom Verbot des Messelesens freisprach. Gallus erhielt damit von Kolumban gemäss irischem Brauch das Würdezeichen des Abts. Im Kontext einer irischen Mönchskultur war er damit als Haupt seiner Brüdergemeinschaft legitimiert.[26]

Cod. Sang. 553, im 9. Jahrhundert in St. Gallen entstanden, enthält neben der Gallusvita von Wetti auch die älteste Überlieferung der Kolumbansvita des Jonas von Bobbio.

St. Gallen, Stiftsbibliothek
Cod. Sang. 553, S. 202–203
Pergament, 228 Seiten
23 × 14.5 cm
Kloster St. Gallen,
9. Jahrhundert

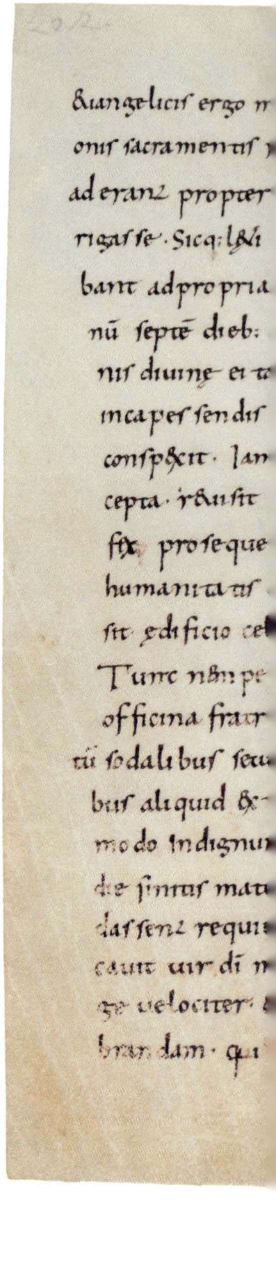

passionisq; ac resurr&ti
fertur auditores qui ibi
desideriu lacrimis uultu
unctione diuina · remea
is igitur di gallus apud aliu
ans · semina consolatio
rius infudit · quanto &im
r diuinis obligatiore esse
mstitis benedictione sus
heremi secr&la · que ponti
um seruitio · ac inter c&era
actorib: suis cum plebe ius
tim insistere ·
cio fr&us · oratoriu atq;
a inchoauit · Ergo bis senis tan
tantib: contentus erat · qui
le tramite d&uare omni
· Namque dū dominico
ius orationib; cum repe
gratia · prima luce dieiuc
lum diacone dicens · Sur
ra mihi ad missam cele
dit · quid est hoc domine

num quid tu missam celebrabis · cui ille post
nocturnam huius noctis inquit reuelatu est
mihi migrasse pr&ceptore m&im columba
num · pro cuius requie offeram sacrificium ·
Statim signum tang^ba^tur · fratibusq; congre
gatis oratio multiplicabatur · cum pro anima
columbani agenda missaru celebrabatur ·
Quibus peractis prefato diacono uir di ait
Fili non sit tibi graue · festinans ad italiam
uisita in ea monasteriu uocatu bobium · ubi
diligenter inuestigans de his que acta sunt
erga abbatē m&im · notato die & hora · r&nun
tia mihi sine mora · Quo iusso l&ita obstupu
it · cum nescire se uiam autumauit · Sed el&tus
di uade inquit frater noli timere · dns dirig&
gressus tuos · Benedictio p&itur · & uia celeri
ter carpitur · Superno duce et auxiliante tan
dem adiit coenobium bobiense · Vbi iuxta re
uelatione magistri cuncta repperit · & apud
fratres illos nocte una mansit · Qui el&to di
gallo epistolam de gestis sci columbani plenā
& cambutam ipsius transmiserunt dicentes:
Pr&ceptor nr iussit nobis adhuc uiuens · ut

TRADITIO FACTA SUB STEPHANO AB-bate seu Præposito.

Aloinus tradit hobas tres in villa Athorinsvvanic, & in Gundlihespuria hobas quatuor.

1. IN Dei nomine bonæ pacis. Placuit atque convenit, atque ader mihi voluntas, ut terram iuris mei facerem donationem ad hono sancti Gallonis & sancti Desiderij, in loco nuncupato, qui dicitur mine villa Athorinsvvanic hobas tres, & in Gundlihespuria hoba Quod & feci, quod ita & feci terram donationis ego Aloinus, & per hanc c tulam donationis, quæ ad diem præsentem firma permaneat. Si quis verò, q fieri non credo, si ego ipse, aut ullus de heredibus meis contra hanc dona nem venire, aut agere conaverit, in primis Dei iram incurrat, & communi pore vel sacerdotio extraneus sit, & cum fisco auri libras 2. argenti 3. compo & quod petit vendicare non valeat, sed præsens hæc donatio omni tempore ma permaneat cum stipulatione subnexa. Actum in Monasterio sancti Ga nis. Signum Aloini, qui hanc donationem fieri rogavit. sig. Stephani. sig. ctati. sig. Petri. sig. Walaonis. sig. Landelhelmi. sig. Valoti. Notavi quòd fe mense Iulio XIIII. Calend. Augustas. Ego Petrus scribsi & subscribsi, sub Theodorico Rege. A.C. 690. circiter.

FRAGMENTVM TRADITIONIS SUB MAGULFO Abbate.

Gotefridus Alemanniæ Dux tradit Biberburgum Vicum ad Neccarum.

1. GOdafridus Dux, Vir inluster. Magulfus Presbyter & Pastor sa Galluni, ad potentiam nostram veniens, suggessit atque petivit c solationem nostram, ut aliquid ad luminaria sancti Galluni Eccl concedere debuerimus, &c. Actum Canstat ad Neccarum. A. C. 708.

TRA

St.Gallen, Stiftsbibliothek
Cod. Sang. 1407a, S. 2
Papier, 632 Seiten
30.5 × 21 cm
Kloster St.Gallen, um 1645

Die Galluskirche um 700

Neben den erzählenden Quellen und den archäologischen Ausgrabungen liefern auch die berühmten St.Galler Urkunden Informationen über die Anfänge des Klosters. Die erste, deren Inhalt wir kennen, stammt aus der Zeit um 700/706. Zwar ist das Original wohl im 18. Jahrhundert verloren gegangen, der Text ist aber in Umrissen mehrfach überliefert, nämlich durch durch den hier abgebildeten sogenannten *Codex Traditionum*, die gedruckte Urkundensammlung des Klosters von 1645, und durch Vadian:[27]

Herzog Gottfried von Alemannien überträgt das Dorf Biberburg am Neckar. Herzog Gottfried, vir inluster [unwürdiger Mann, bezeichnet als Titel einen merowingischen Amtsträger]. Magulf, Priester und Betreuer des heiligen Gallus, ist an unseren Hof gekommen und hat um unsere milde Gabe gebeten, damit wir gnädig etwas zu den Altarleuchten der Kirche des heiligen Gallus gewähren möchten. Geschehen am Hof in Cannstatt in der Gegenwart derjenigen, deren Siegelzeichen angehängt sind. Ich Scaftarius, der auch Abt genannt wird, habe das auf Geheiss von Herzog Gottfried im zwanzigsten Jahr geschrieben, von Herzog Gottfried gegeben etc.[28]

Das hier in deutscher Übersetzung wiedergegebene lateinische Dokument ist einer der raren Zeugen des um 700 herrschenden Alemannenherzogs Gottfried († 709), und es belegt erstmals den alemannischen Fürstenhof in Cannstadt (Stuttgart).[29] Noch nicht eindeutig identifiziert werden konnte das Dorf Biberburg am Neckar. Es lag wohl in der Nähe von Stuttgart.[30]

Auch für den Stand der Gemeinschaft von St.Gallen enthält die Urkunde wertvolle Informationen:[31] Um 700 stand die Kirche des heiligen Gallus unter der Leitung eines Magulf, lateinisch Magulfus. Dass mit Biberburg ein ganzes Dorf Abgaben für die Kirchenlichter entrichten sollte, lässt den Schluss zu, dass das Gallusgrab immer noch Ausstrahlung besass. Wir erfahren von einem kirchlichen Wallfahrtsort mit mindestens regionaler Bedeutung, der vermutlich durch eine Gemeinschaft unter der Leitung von Magulf betreut wurde.

Der *Codex Traditionum* ist ein wissenschaftliches Pionierwerk St.Gallens. Der im Archiv überlieferte frühmittelalterliche Urkundenschatz wurde 1645 von den Mönchen Magnus Brülisauer (1582–1646) und Chrysostomus Stipplin (1609–1672) umfassend im Druck herausgegeben. Das geschah einerseits aus wissenschaftlichem Interesse, andererseits aber auch als Vorsichtsmassnahme gegen Verlust – mit Recht, wie der Fall der Gottfriedurkunde zeigt. Der Band wurde in etwa zwanzig Exemplaren in den Archiven und Bibliotheken befreundeter Institutionen deponiert, wo er teilweise bis heute vorhanden ist.[32]

Das Otmarskloster

St. Gallen, Stiftsbibliothek
Cod. Sang. 562, S. 97
Pergament, 148 Seiten
30 × 24 cm
Kloster St. Gallen, 890/900

Die wichtigsten Berichte über das Leben und Wirken Otmars finden sich in den Galluswundern Walahfrid Strabos von 833/834 (Kapitel 10), in der Klosterchronik Ratperts von um 890 und natürlich in der ebenfalls von Walahfrid um 834/838 verfassten Otmarsvita.[33] Dazu kommen Dokumente im Siftsarchiv, insbesondere Urkunden und das Professbuch, das mit dem Eintrag *Audomarus Abbas* («Abt Otmar») beginnt (vgl. S. 15).[34]

Die Otmarsvita Walahfrids ist erheblich kürzer als seine Gallusvita. Das zeigt, dass Gallus damals als noch einziger Heiliger St. Gallens Otmar überstrahlte. Cod. Sang. 562 ist die älteste Handschrift mit den Leben von beiden. Der mit prächtigen Initialen geschmückte Band ging um die Mitte des 15. Jahrhunderts vorübergehend verloren, konnte aber 1653 von Abt Pius Reher aus Konstanz zurückgekauft werden.[35]

Was berichtet der Text? Otmar war Alemanne. Er wurde von seinem Bruder als Knabe nach Chur zum «Präses» Viktor gebracht und trat in dessen Dienst. Dort ausgebildet, wurde er Priester in einer dem heiligen Florin geweihten Kirche, vielleicht in Chur oder in Walenstadt.[36] 719 erbat ihn der Arboner Tribun Waltram, dessen Familie das Gallusgrab gehörte, von Viktor als Leiter der hier immer noch bestehenden Gemeinschaft. Otmar wurde darauf von Waltram und dem Alemannenherzog Nebi (710/715–785/788) dem fränkischen Hausmeier Karl Martell (688/691–741), damals der mächtigste Mann nördlich der Alpen, vorgestellt und so zum Abt eingesetzt.

Der Bericht Walahfrids über die Massnahmen Otmars am Gallusgrab lässt Tatkraft vermuten. Betont werden seine Führungsrolle als Abt, die Etablierung einer Klosterregel, deren genauen Inhalt wir bis zur Einführung der Benediktsregel 747 freilich nicht kennen, seine Sorge um den Gottesdienst, seine Bautätigkeit und die Mehrung des Klosterbesitzes durch die auch urkundlich belegten Schenkungen vor allem durch die von den Franken bedrängte alemannische Bevölkerung.[37]

Otmars St. Gallen war die erste monastische Gemeinschaft im Bodenseeraum und darüber hinaus, die als Abtei fest institutionalisiert wurde und eine tragende, auch politische Rolle in der Gesellschaft übernahm. Während sich die fünf Jahre später, 724, von Pirmin gegründete Abtei auf der Insel Reichenau fränkisch orientierte, blieb das Galluskloster, etwas abseits über dem Bodensee gelegen, ein alemannischer Ort.

IGITUR OTMARUS GENERE ALA
mannorum oriundus. In aetate puerili a fratre suo retiam cu
riensem perductus est. & in seruitio uictoris earundē partiū Victor Curiensis Rhetiae Comes.
comitis multo tempore constitutus. & litterarū scientia subli
matus. uirtutū sectator. morūq. laudabilium possessor. sacer
dotii gradum conscendit. & a supradicto comite benigne re
tentus. cuidam titulo sci florini confessoris praelatus est;
Cumq. morum eius probitas. & scę uitę munditia. longe la
teq. plurimorum aures rumore dulci respergeret. Vualthram Walthramus.
mus quidam qui sibi uastitatem heremi in qua scs gallus cel
lulam construxerat. uelut a parentib, hereditario ad se iure
transmissam uindicauit. Eundem otmarum auctore supra
dicto ad p̄ficiendum eidem cellulę impetrauit. & uoti com
pos effectus. cellulam cum omnibus quę ad eam p̄tinebant.
illi solemniter commendauit. Atq. ut sui melius desiderii
conualesceret utilitas. ad pippinū regem profectus. eundē Pipping R.
abbatem ipsi p̄sentauit. & locum cui eum pridem p̄fecerat.
propriaetatis iure principi contradidit. omni instantia de
poscens. ut regia auctoritate ex integro otmarus abba ei
dem p̄ficeretur loco; Cuius petitioni iam dictus princeps
assensum p̄bens. locum sibi traditū uiro uenerabili com
mendauit. & regularem inibi uitā instituere iussit; At
ille regressus. boni mandritę studium in ipso exercitus
initio. undiq. uersum congrua monachis habitacula con

Otmar und die Benediktsregel

Franziska Schnoor

Aus der Gallusvita von Walahfrid Strabo geht hervor, dass Otmar im Jahr 747 oder wenig später die Benediktsregel im Kloster St. Gallen einführte. Das hatte weitreichende Folgen: St. Gallen blieb bis zu seiner Aufhebung 1805 ein Benediktinerkloster. Es stellen sich aber einige Fragen, wenn man Walahfrids Darstellung liest.

Zunächst einmal ist offen, welche Regel die Mönche unter Otmar vor 747 befolgten. Es ist denkbar, dass eine Mischregel galt, die Elemente der Kolumbansregel und der Benediktsregel miteinander vereinte.[38] In ihr wäre einerseits der stark asketisch orientierte irische Hintergrund des Gallusklosters zum Ausdruck gekommen – Kolumban der Jüngere war ja der Abt und Lehrer von Gallus gewesen. Andererseits hätte sie mildere und menschenfreundlichere Elemente der Benediktsregel enthalten. Doch lässt sich die Frage nicht eindeutig beantworten, denn wir haben keine Quellen, die ausdrücklich von einer bestimmten Regel für die Frühzeit des Klosters sprechen. Gemäss der Gallusvita setzte Karl Martell († 741, fränkischer Hausmeier) Otmar als Abt ein und «trug ihm auf, dort ein Leben nach der Mönchsregel aufzubauen» *(ut regularem inibi vitam instituere studeret, praecepit)*.[39] Wie genau dieses Leben nach der (oder einer) Mönchsregel im Galluskloster anfangs aussah, wissen wir aber nicht.

Eine zweite Frage ist: Lief die Einführung der Benediktsregel so reibungslos, wie die Passage in der Gallusvita (vgl. S. 32) es suggeriert? Aus der Perspektive des Autors Walahfrid, der selbst ein Benediktinermönch war und in einem gewissen zeitlichen Abstand zu dem Ereignis schrieb, mag dieses positiv erscheinen.[40] Der Alemanne Otmar könnte es aber durchaus anders empfunden haben. Erst ein Jahr zuvor, 746, waren die Alemannen von den Franken bei Cannstadt unterworfen worden (vgl. S. 57). In diesem Kontext kann es auch als politischer Druck interpretiert werden, wenn der fränkische Herrscher Pippin der Jüngere (fränkischer Hausmeier, 751–768 fränkischer König) Otmar aufforderte, das Kloster unter die Benediktsregel zu stellen.[41]

Es ist erstaunlich, dass Walahfrid nur in seiner Gallusvita die Einführung der Benediktsregel nennt, in einem der Kapitel über die Geschehnisse am Gallusgrab. Warum erwähnt Walahfrid dieses Ereignis nicht auch in der Otmarsvita, wo es eigentlich einen viel angemesseneren Platz hätte? Vielleicht hielt er es nicht für nötig, das zu wiederholen, was er andernorts schon geschrieben hatte.[42] Andererseits wäre unter dieser Prämisse das ganze erste Kapitel der Otmarsvita redundant. Auch diese Frage muss also letztendlich offenbleiben.

Benedikt von Nursia

St. Gallen, Stiftsbibliothek
Cod. Sang. 214, S. 51
Pergament, 84 Seiten
20.5 × 14 cm
Nordostfrankreich,
8. Jahrhundert

Wer war Benedikt von Nursia, der Verfasser der wohl bedeutendsten Mönchsregel? Er wurde um 480 in Umbrien im heutigen Norcia als Sohn reicher Eltern geboren. Diese schickten ihn zum Studium nach Rom, doch Benedikt brach sein Studium ab, um sich einer Gruppe von Asketen anzuschliessen. Drei Jahre lang lebte er in einer Höhle bei Subiaco, bevor er dort der Vorsteher einer Eremitengemeinschaft wurde. Intrigen zwangen ihn um 529/530, Subiaco zu verlassen. Mit einigen Anhängern zog er auf den Monte Cassino. Für die rasch wachsende Gemeinschaft schrieb er die nach ihm benannte Regel.

So berichtet es Papst Gregor der Grosse (Papst 590–604) in seinen um 593/594 verfassten *Dialogi de miraculis patrum Italicorum* («Dialoge über die Wunder der italischen Väter»).[43] Gregors *Dialogi* umfassen vier Bücher. Während im ersten und dritten Buch jedes Kapitel einer anderen Person gewidmet ist – Päpsten und Bischöfen, aber auch einfachen Mönchen und anderen frommen Menschen –, behandelt das zweite Buch ausschliesslich das Leben Benedikts.

Gregor wählte die Form des Dialogs zwischen sich selbst und einem Diakon namens Petrus, der durch Zwischenfragen das Gespräch am Laufen hält.[44] In der Handschrift sind die Gesprächspartner durch ihre Namen in orangefarbenen Grossbuchstaben hervorgehoben. Der Sprecherwechsel fällt dadurch ebenso stark ins Auge wie der Anfang eines neuen Kapitels.

Im hier abgebildeten Kapitel 36 erwähnt Gregor die Mönchsregel Benedikts mit den folgenden Worten: «Er schrieb eine Regel für Mönche, ausgezeichnet durch maßvolle Unterscheidung und wegweisend durch ihr klares Wort. Wer sein Wesen und sein Leben genauer kennenlernen will, kann in den Weisungen dieser Regel alles finden, was er als Meister vorgelebt hat: Der heilige Mann konnte gar nicht anders lehren, als er lebte.»[45] Gut erkennbar ist die Überschrift in Zeile 8: *XXXVI. Quod regulam monachorum scribserit* («36. Dass er eine Mönchsregel geschrieben hat»).

Die hier gezeigte Abschrift entstand um die Mitte des 8. Jahrhunderts.[46] Sie könnte damit möglicherweise schon zu Otmars Zeit ins Kloster St. Gallen gekommen sein. Sie ist in einer stark verschnörkelten, merowingischen Minuskel geschrieben. Von der Handschrift, die einst alle vier Bücher der *Dialogi* umfasste, sind heute allerdings nur noch Fragmente enthalten. In Cod. Sang. 214 sind 42 Blätter in ihrer ursprünglichen Reihenfolge zusammengestellt. Je vier weitere Blätter derselben Handschrift befinden sich in der Zentralbibliothek Zürich (Ms. C 184) und angeblich im Stiftsarchiv St. Paul im Lavanttal.[47]

[…] potuit omne quod infra deum est. in illa ergo luce que exterioribus oculis fulsit lux interior in mente fuit. que uidentis animum quia ad superiora rapuit ei quam angusta essent omnia inferiora monstrauit.

PETRUS Videor mihi utiliter non intellexisse que dixeras quando ex tarditate mea tantum creuit expositio tua. Sed quia haec liquido meis sensibus infudisti quaeso ut ad narrationis ordinem redeas.

QUOD REGULAM MONACHORUM SCRIBSERIT

GREGORIUS Libet petre adhuc de hoc uenerabili patre multa narrare sed quaedam eius studiose praetereo quia ad aliorum gesta euoluenda festino. hoc autem nolo te lateat quod uir dei inter tot miracula quibus in mundo claruit doctrinae quoque uerbo non mediocriter fulsit. nam scripsit monachorum regulam discretione praecipuam sermone luculentam. cuius si quis uelit subtilius mores uitamque cognoscere potest in eadem institutione regulae omnes magisterii illius actus inuenire quia sanctus uir nullo modo potuit aliter docere quam uixit.

XXXVII DE PROPHETIA SUI EXITUS FRATRIBUS DENUNCIATA

Eodem uero anno quo de hac uita erat exiturus quibusdam discipulis secum conuersantibus quibusdam longe manentibus sanctissimi sui obitus denuntiauit diem praesentibus indicens ut audita per silentium tegerent absentibus indicans quod uel quale signum fieret quando eius anima de corpore exiret.

Die Benediktsregel auf Latein und Deutsch

St. Gallen, Stiftsbibliothek
Cod. Sang. 916, S. 17
Pergament, 172 Seiten
19.5 × 12.5 cm
Kloster St. Gallen, Anfang 9. Jahrhundert

Eine der drei Abschriften der Benediktsregel, die im frühen 9. Jahrhundert im Kloster St. Gallen entstanden,[48] kombiniert den lateinischen Text der Regel mit einer Interlinearübersetzung ins Althochdeutsche.[49] Sie war für den Schulunterricht gedacht. Für die Klosterschüler, die gleichzeitig Latein als Fremdsprache lernen und sich mit der Benediktsregel vertraut machen mussten, war die Übertragung in die Muttersprache eine grosse Erleichterung.[50] Und für die heutige Erforschung des Althochdeutschen ist die Handschrift eine der wichtigsten Quellen.

Der lateinische Regeltext ist von einem einzigen Schreiber in schwarzer Tinte und grösseren Buchstaben geschrieben. Darüber steht, in brauner Tinte und kleiner, die althochdeutsche Übersetzung. Sie wurde von drei verschiedenen Schreibern notiert.

Nur der Prolog sowie die Kapitel 1 bis 14 und 31 wurden vollständig ins Althochdeutsche übersetzt. In den meisten anderen Kapiteln stehen nur einzelne volkssprachliche Wörter über dem Lateinischen, und in den Kapiteln 68 bis 73 ist überhaupt keine Übersetzung zu finden. Das muss aber nicht etwa daran liegen, dass dem Übersetzer gegen Ende der Elan ausging. Man kann ein pädagogisches Prinzip dahinter vermuten: Zu Beginn erhalten die Schüler mehr Hilfestellung. Wenn sie Fortschritte im Lateinischen machen, können die Erklärungen nach und nach reduziert und auf zentrale Begriffe beschränkt werden.[51]

Es ist gut sichtbar, dass der kleine Codex eine Gebrauchshandschrift war. Er ist aus Pergament von eher geringer Qualität hergestellt, die Seitenränder sind oft unregelmässig. Viele Seiten weisen kleine oder sogar grosse Löcher auf. Die Schreiber haben sich beholfen, indem sie einfach um die Löcher herum geschrieben haben.

Auf der abgebildeten Seite endet etwas oberhalb der Seitenmitte der Prolog, und es beginnt das erste Kapitel über die verschiedenen Arten von Mönchen. Der erste Satz des Kapitels heisst auf Latein: *Monachorum quattuor esse genera manifestum est* («Es ist bekannt, dass es vier Arten von Mönchen gibt»). Die althochdeutsche Übersetzung über den Wörtern lautet: *municho fioreo vvesan chunni chund ist.* Auf Neuhochdeutsch wäre das etwa: «Mönche vierer sein Arten bekannt ist.»[52] Man merkt sofort, dass die volkssprachliche Übersetzung sich nicht als fortlaufender Text lesen liess, da sie dem lateinischen Satzbau folgt. Der enthält manche Konstruktionen, die dem Deutschen völlig fremd sind. Aber als Verständnishilfe für den Text funktionierten die althochdeutschen Wörter problemlos.

ce huuarue indi lebee denne k

on uertatur & uiuat. Cu ergo inter

m frahetomes nan frr fona

o gessemus dnm fratres de habi

uarte der hures siner kehortomes

tore tabernaculi eius audiuimus

der puengin kipot juzzan. lbu erful

habitandi p̄ceptu; Sed si con plea vu

meer des puentin ambaht piru m&

mus habitatoris officium erimus he

ribun himilrih her

redes regni celorum amen.

fona chunnu munihc

DE GENERIB; MONACHORUM.

muni cho fiorío uueran

Monachorum quatuor esse ge

chunni chund ist crista

nera. manifestum est. Primum

samanungono daz ist munistri lih

coenobitarum. hoc est monasteriale

chamffanti untar regulu edo demo fatere

militans sub regula uel abbate.

danaan andraz chunni ist

Deinde secundum genus est ana

gn chorandero daz ist uualdlihhero desd

choritarum. id est heremitarum; ho

die naller derliber uualme

rum qui non conuersationis feruore

libraniu uuii uzzan der munistrer chorungu

nouitiae. sed monasterii probatione

anc sameru die lirnedon uuidar

diuturna qui didicerunt contra di

u bil ma nagero helfu ziu

abolum multorum solatio iam doc

erte fehtan indi uuela kilerte pruader

ti pugnare & bene instructi fraterno

lihhera

St.Gallen wird ein Benediktinerkloster

St.Gallen, Stiftsbibliothek
Cod. Sang. 572, S. 77
Pergament, 140 Seiten
19 × 14.5 cm
Kloster St.Gallen,
10. Jahrhundert

Otmar führte die Benediktsregel wohl 747 oder kurz danach in St.Gallen ein. Das schreibt jedenfalls Walahfrid Strabo in seiner Gallusvita, wo er das Ereignis auch zeitlich einordnet:

«Aber als der bereits genannte Fürst [Karl Martell, fränkischer Hausmeier, † 741] seine zeitliche Herrschaft und sein Leben beendet hatte, überliess er seinen beiden Söhnen Karlmann und Pippin die Herrschaft über sein Reich. Karlmann legte nun nach wenigen Jahren aus Liebe zum Himmelreich den Prunk irdischen Ruhms ab, und als er sich nach Rom aufmachte, um dort ein ruhigeres Leben zu führen, und dabei in die Nähe des genannten Ortes [St.Gallen] kam, suchte er das Kloster auf, um dort zu beten. Und als er hörte, dass der Ort um der Verdienste des seligen Mannes [Gallus] willen vom Herrn immer wieder durch Wunderzeichen verherrlicht wurde, soll er gesagt haben: ‹Dieser Ort ist zwar, was seinen Besitz betrifft, schwach, doch dank den Verdiensten des heiligen Gallus ist er weithin berühmt.› Und weil er die, die dort lebten, in seiner Grosszügigkeit irgendwie unterstützen wollte, sich dann aber besann, dass er sein Vorhaben gar nicht in die Tat umsetzen könne, da er sich von den Reichsgeschäften zurückgezogen hatte, schrieb er seinem Bruder, er möge aus Liebe zu ihm dem Kloster durch seine königliche Gnade Unterstützung zukommen lassen. Als nun der Fürst Pippin diesen Brief von Abt Otmar empfangen hatte, folgte er dem Wunsch seines Bruders, übergab dem Abt das Büchlein über das Mönchsleben, das der Vater Benedikt verfasst hatte, und schenkte ihm weitere Gaben von königlicher Würde. Dazu trug er ihm mit aller Eindringlichkeit auf, an dem ihm anvertrauten Ort ein der Regel entsprechendes Mönchsleben einzuführen, um so den Dienst am Grab des seligen Gallus zu erfüllen.»[53]

Der fränkische Hausmeier Karlmann verzichtete 747 auf seine Herrschaft und zog sich zum Monte Soracte und nach Monte Cassino zurück. Daher lässt sich sein Aufenthalt in St.Gallen in dieses Jahr einordnen. Wenn man davon ausgeht, dass Pippin rasch auf den Brief seines Bruders reagierte, so dürfte die Benediktsregel, das genannte «Büchlein über das Mönchsleben», noch im selben Jahr in St.Gallen eingeführt worden sein.[54]

Die ausgestellte Handschrift entstand im 10. Jahrhundert. Sie enthält sowohl die Gallus- als auch die Otmarsvita. Der oben übersetzte Text beginnt in Zeile 2, die zentrale Passage in Zeile 5 von unten: *libellum, quem Benedictus pater de cęnobitarum conuersatione composuerat, eidem abbati tradidit* («Er übergab dem Abt das Büchlein über das Mönchsleben, das der Vater Benedikt verfasst hatte»).

usib; congrua disposite construens eiusdē sci statū loci·
utilitatib; diuersis aptauit· Sed cū iam dictus prin·
ceps temporalit̄ regnandi & uiuendi finē fecisset· duob;
filiis carlomanno & pippino· administrationē regni
reliquit; Carlomannus itaq; paucorū decursib;
euolutis annorū· ob amorē regni caelestis· secularis
glae pompā deposuit· Et cū causa quietioris uitę·
romā tenderet· in uicina supdicti loci deueniens·
ad idem monasteriū causa orationis accessisset· audi·
ensq; assiduis signorū uirtutib; eundē locū pbati ui·
ri meritis a dn̄o illustrari dixisse; Tenuis quidam hic fertur·
locus ē facultate· sed p meritis beati galli celebri dif
famatus rumore; Cumq; uellet ibidem degentib; ali·
qd suę largitatis conferre solatiū· sed retractaret
a negotiis se regni disiunctū· explere n̄ potuisse
qd uoluit· frī rescripsit· ut sui amoris intuitu eidē
monasterio aliqd regię largitionis solatiū dignaretur
impendere; Cū igitur ab otmaro abbate psentatā
pippinus princeps accepisset eplām· annuens peti·
tioni fraternę· libellū quem benedictus pater de
cenobitarū conuersatione cōposuerat· eidem ab·
bati tradidit· & alia regiae dignitatis impertiens do·
na· Id ei sub omni diligentia iniunxit· ut in loco si·
bi commendato· ad supplendas beati galli excubi

Die Welt wird verzaubert

Cornel Dora

Das 8. Jahrhundert ist eine Schlüsselperiode für die Entwicklung Europas. Die Welt wurde – um eine Formulierung von Jörg Lauster aufzunehmen – vom Christentum gewissermassen verzaubert.[55] Die Antike war vorüber, und nach den Wirren und Kriegen der Völkerwanderung festigte sich der Kontinent politisch und kulturell wieder. In diesem Umfeld entwickelte sich ein neues Weltbild, das sich von den christlichen Idealen inspirieren liess.

Die Klöster, die jetzt immer zahlreicher entstanden, waren wichtige Träger dieses Aufbruchs. Sie beteiligten sich aufbauend und weitsichtig am gesellschaftlichen Leben – St. Gallen ist eines der schönsten Beispiele dafür. Religion und Kirche konsolidierten sich zunehmend. Der charismatische Fremde Gallus im 7. Jahrhundert und der gesellschaftlich engagierte Organisator Otmar im 8. Jahrhundert sind sinnfällige Vertreter dieser Entwicklung.

Südalemannien war seit dem Jahr 536 Teil des fränkischen Königreichs der Merowinger, deren Macht im 7. Jahrhundert zu schwinden begann. 719, im selben Jahr, als Otmars Wirken in St. Gallen begann, wurde der Hausmeier Karl Martell, der Begründer der Karolingerdynastie, zum wichtigsten Machthaber im fränkischen Reich. Unter seinem Enkel, Karl dem Grossen († 814, ab 768 fränkischer König, ab 800 Kaiser), erreichte dieses seinen politischen und kulturellen Höhepunkt, der bis heute in der europäischen Idee nachwirkt.

Kultur und Wissenschaft empfingen damals wesentliche Impulse von den Rändern Europas, insbesondere aus Spanien, Irland und England. In Spanien sammelte Isidor von Sevilla († 636) das antike Wissen in seinen *Etymologien*, einem grossen enzyklopädischen Werk. Irische und angelsächsische Gelehrte beeinflussten unter anderem die Lehre der Zeitrechnung und schufen historiographische Werke.

Der wohl wichtigste Gelehrte unter den Zeitgenossen Otmars war Beda Venerabilis (672/673–735), ein Benediktinermönch im Doppelkloster Wearmouth/Jarrow in Northumbrien. Die Stiftsbibliothek besitzt eine der bedeutendsten Sammlungen seiner Werke, darunter in Cod. Sang. 254 die älteste Abschrift seines altenglischen Sterbesangs in fünf germanischen Langzeilen.[56] Der Gelehrte, der sein Kloster zeitlebens nie verliess, schuf ein enormes Werk, das fast alle damaligen Wissensgebiete abdeckte.

Mit dem Anfang des Mittelalters begann sich das Christentum inhaltlich neu zu entfalten. Die Kirche sorgte für das Seelenheil und vermittelte der Gesellschaft eine platonische und idealistische Grundhaltung, welche die Bibel, die Nächstenliebe, das Reich Gottes und das Jenseits als Bezugspunkte hatte. Die Figur des Labyrinths ist ein Beispiel dafür, wie Symbole im christlichen Geist neu interpretiert wurden.

Eine neue Zeitrechnung

Die 740er Jahre waren für Alemannien Schicksalsjahre. Der Karolinger Pippin der Jüngere, Vater Karls des Grossen, griff nach dem Tod seines Vaters Karl Martell (741) erfolgreich nach der Königskrone und beendete 751 endgültig das Königtum der Merowinger. In dieser Übergangszeit herrschte sein Bruder Karlmann bis 747 als Hausmeier über Austrasien, Alemannien und Thüringen. Im Blutgericht von Cannstadt brach er 746 den jahrzehntelangen politischen und militärischen Widerstand der alemannischen Herzöge (vgl. S. 57).[57]

Während die Karolinger das Frankenreich teilweise gewaltsam neu ordneten, stand die Zeitrechnung im Mittelpunkt der Auseinandersetzungen unter den Gelehrten. Zu den in den 740er Jahren intensiv diskutierten Fragen gehörten die kalendarische Jahreszählung, die Berechnung des Osterdatums und die Vorhersage des Endes der Welt.

Auch Beda setzte sich mit diesen Themen auseinander. Was die Jahreszählung betrifft, war er der erste, der die Ereignisse in einem grossen Geschichtswerk, der 731 vollendeten *Historia ecclesiastica gentis Anglorum* («Kirchengeschichte des englischen Volkes») konsequent nach den Jahren seit Christi Geburt datierte.[58] Es dauerte freilich noch etwa zwei Jahrhunderte, bis diese absolute Zählweise die bis dahin übliche Datierung nach Herrscherjahren vollständig, etwa auch in den St.Galler Urkunden, ablöste.[59]

Um 740 erhob sich im fränkischen Reich eine heftige Gelehrtenkontroverse um die Festlegung des jährlichen Osterdatums. Es ging um die Frage, welche der beiden damals gängigen, einander aber teilweise widersprechenden Osterberechnungen gelten sollte, diejenige des Dionysius Exiguus oder diejenige des Victorius von Aquitanien. 744 entschied das Konzil von Soissons für erstere, für die auch Beda bereits eingetreten war.[60]

Auf der Basis des Konzilsentscheids begannen die Ostertafeln des Dionysius Exiguus ab der Mitte des 8. Jahrhunderts im fränkischen Raum vermehrt zu kursieren, und sie erreichten auch St.Gallen. Mit Cod. Sang. 225 besitzt die Stiftsbibliothek eine interessante, von irischer und angelsächsischer Gelehrsamkeit beeinflusste Handschrift zum Thema. Sie ist vermutlich 773 entstanden, denn dieses Jahr ist bei den Ostertafeln auf Seite 115 mit einem Kreuz bezeichnet. Auf den Tafeln von Seite 114 bis 117 sind die Ostertage für die Zeit von 760 bis 797 festgehalten. Die Darstellung orientiert sich an Bedas komputistischen Lehrschriften.[61]

**St.Gallen, Stiftsbibliothek
Cod. Sang. 225, S. 114–115
Pergament, 478 Seiten
25×15.5–16 cm
Kloster St.Gallen,
760/800 (773?)**

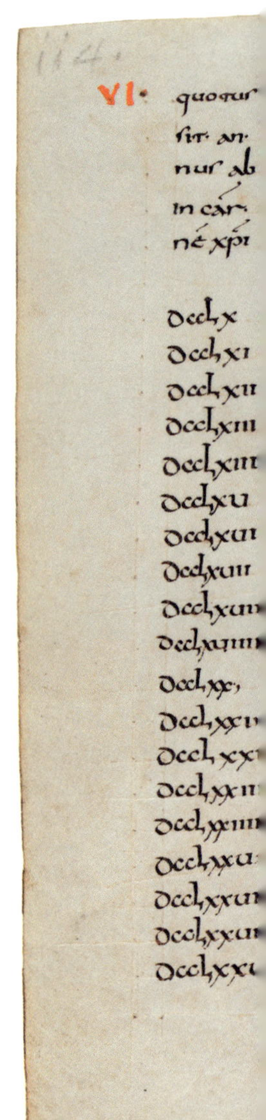

lunae epact idest cedi&c ciones	con cur sep; tem dies	quo tur lunae circu lus
nul	ii	xuii
xi	iii	xuiii
xxii	iiii	xuiiii
iii	u	i
xiiii	uii	ii
xxu	i	iii
ui	ii	iiii
xuii	iii	u
xxuiii	u	ui
uiiii	ui	uii
xx	uii	uiii
i	i	uiiii
xii	iii	x
xxiii	iiii	xi
iiii	u	xii
xu	ui	xiii
xxui	i	xiiii
uii	ii	xu
xuiii	iii	xui

Inicium quadragesimae	Lunae inicium quadragesimae	quae sunt lunae xiiii pascae	dies dominicae paschalis	lunae ipsius paschae
uii kl mr	iii	no ap	uiii id ap	xui
xui kl mr	ui	uiii kl ap	iiii kl ap	xuiii
no kl mr	uii	id ap	xuiii kl ma	xuiiii
x kl mr	iii	iiii no ap	iii no ap	xui
iiii id feb	u	xi kl ap	uiii kl ap	xuii
u no mr	ui	iiii id ap	xuiii kl m	xuiii
uiii kl mr	uiiii	iii kl ap	uiii id ap	xxi
uiii id mr	iii	xuiii kl ma	xiii kl ma	xx
iii kl mr	u	uii id ap	iiii id ap	xuii
xi kl mr	uiii	ui kl ap	iii no ap	xx
u id mr	uiiii	xuii kl ma	x kl ma	xxi
ui kl mr	ui	prid no ap	uii id ap	xuii
xui kl mr	uii	uiiii kl ap	iiii kl ap	xuiiii
✝ no mr	uiii	ii id ap	xiiii kl ma	xx
x kl mr	iiii	kl ap	iii no ap	xuii
prid id feb	uii	xii kl ap	uii kl ap	xuiiii
u no mr	uii	ui id ap	xuiii kl ma	xuiiii
xiiii kl mr	iii	iiii kl ap	iii kl ap	xui
uiii id mr	iiii	xui kl ma	xiii kl ma	xuii

Die Erde ist eine Kugel

**St. Gallen, Stiftsbibliothek
Cod. Sang. 251, S. 91
Pergament, 186 Seiten
36.5 × 26 cm
Kloster St. Gallen,
9. Jahrhundert**

Dem Mittelalter wurde von einflussreichen Vertretern von Humanismus, Reformation und Aufklärung so einiges angedichtet. Dadurch ist ein negatives Bild einer dunklen, gegen die Vernunft gerichteten Periode entstanden, eines Mittelalters, das – der Name deutet es an – in einem fortschrittsgläubigen Weltbild letztlich nur als tausendjähriger Übergang von der Antike zur Neuzeit zu verstehen war. So manche Perversion der Neuzeit, etwa die massenhafte Verbrennung von Hexen und Ketzern, wurde unrichtig ins Mittelalter vorverlegt. Auch wenn die Geschichtswissenschaft heute diese Epoche in ihrer Farbigkeit, ihrer geistigen Regsamkeit und ihrem Idealismus erkennt, hält sich doch hartnäckig die Rede vom «finsteren Mittelalter».

Ein wichtiges Element dieser Konstruktion bildet die immer noch weit verbreitete Meinung, dass den Gelehrten des Mittelalters die Kugelform der Erde nicht bekannt war und sie diese als eine Scheibe betrachteten.[62] Dass dem nicht so war, beweist unter anderem erneut Beda, und zwar in seinem Werk *De temporum ratione.* Dieser hochinteressante Traktat, der das damalige Wissen über die Zeit zusammenfasst, enthält am Anfang eine berühmt gewordene Anleitung, wie man mit den Fingern zählen kann. Im Folgenden geht es dann, wie der Titel sagt, um die Grundlagen der Zeitrechnung. Der Osterberechnung wird breiter Raum gegeben und die beiden letzten Kapitel befassen sich mit der auf Eusebius von Caesarea und Augustinus zurückgehenden Lehre von den sechs Weltaltern und dem Ende der Welt, das gemäss damaliger Auffassung am Schluss des sechsten Weltalters eintreten sollte.[63]

In Kapitel 32 wendet sich Beda der Frage zu, warum die Tage im Sommer länger sind als im Winter. Er schreibt, der Grund dafür sei die runde Form der Erde. «Sie ist nämlich eine Kugel inmitten des ganzen Universums. Sie ist nicht rund wie ein Schild oder ausgebreitet wie ein Rad, sondern gleicht mehr einem Ball, indem sie in alle Richtungen gleich gross ist.»[64]

Cod. Sang. 251, der diesen Text enthält, gehört zu den zehn wichtigsten Textzeugen der Werke Bedas über die Zeitrechnung. Aufgrund der wiederholten aktuellen Jahresangabe 810 in der Handschrift wird vermutet, dass die Handschrift in diesem Jahr entstanden sein könnte. Allerdings könnte diese Zahl auch auf die Vorlage zurückgehen, weil das Schriftbild der Handschrift eher in die Mitte des 9. Jahrhunderts gehört.[65]

Auch im Kloster St. Gallen gibt es übrigens ein untrügliches Zeugnis dafür, dass die Mönche die Erde als Kugel betrachteten. Gemäss einem Bericht von Notker dem Deutschen liess nämlich Abt Purchart II. (Abt 1001–1022) einen Erd- und Himmelglobus *(spera)* herstellen, der auch im Schulunterricht verwendet wurde.[66]

dente sole propius in verticem mundi angusta lucis ambitu subiecta terrae continuos dies habere senis mensibus noctesque e diverso ad brumam remoto; quod fieri in insula Thyle Pytheas Massiliensis scribit sex dierum navigatione in septentrionem a Brittania distante; hoc de longitudine dispari solstitialium dierum plenius intexendo etiam brumalium dierum quae sit in partibus longitudo subintellegendum reliquit; sed et noctis utroque tempore quae sit mensura aeque clarum reddidit, quia necesse est cuiuscumque sint longitudinis dies simul et nox xxiiii horarum spatium compleant; sed notandum quod hoc de Thyle aliter scripsit Solinus; Thyle inquit ultima in qua aestivo solstitio sole de cancri sidere faciente transitum nox nulla, brumali solstitio perinde nullus dies; quod plenius quoque in libro nono non praetermisit; ultima inquiens omnium quae memorantur Thyle, in qua solstitio nullas esse noctes indicavimus cancri signum sole transeunte, nullosque contra per brumam dies; hoc quidam senis mensibus fieri arbitrantur.

CAUSA INAEQUALITATIS DIERUM

Causa autem inaequalitatis eorundem dierum terrae rotunditas est. Neque enim frustra et in scripturae divinae et in communium litterarum paginis orbis terrae vocatur. Est enim revera orbis idem in medio totius mundi positus. Non in latitudinis solum giro quasi instar scuti rotundus, sed instar potius pilae undique versum aequali rotunditate persimilis; Neque enim in tantae mole magnitudinis quamvis enormem montium valliumque distantiam quantum in pila ludicra unum digitum tamen addere vel demere crediderim; talis ergo schematis terra mortalibus ad inhabitandum data, solis circuitu semper in hoc mundo lucentis certa ratione constitutionis divinae alibi diem exhibet, alibi noctem relinquit; et quia sicut ecclesiastes ait oritur sol et occidit et in locum suum revertitur; ibique renascens gyrat per meridiem et flectitur ad aquilonem, necesse est circumiens orientalibus quibusque priusquam occidentalibus sub eadem linea positis mane, meridiem, vesperam adducat; eiusdem tamen longitudinis dies utrisque toto anno sic et noctes faciat; tamen necesse est omnibus sub aquilonis et austri plaga contra invicem in eadem linea positis per totum anni vertentis circuitum uno eodemque temporis puncto sol medium caeli conscendat igneus orbem; nec tamen eodem utrisque puncto et hora oriatur aut occidat; sed cum plagam austri circuiens hiberno tempore provehitur, eos qui meridianum terrae latus inhabitant ante oriens adit sed serius dimittit occidens quam nos qui ad aquilonem positi globo terrae abstante tardius eius ortum sed citius sortimur occasum. At contra idem in aestivo degens circulo multo nobis qui sub eodem habi-

Labyrinthus. Cnossae in Creta

**St. Gallen, Stiftsbibliothek
Cod. Sang. 197, S. 122
Pergament, 398 Seiten
25.5 × 18.5 cm
Kloster St. Gallen,
9./10. Jahrhundert**

Labyrinth mit 11 Umgängen in 12 Kreisen. Die Anzahl Umgänge und Kreise, aber nicht die Anordnung der Gänge, entspricht dem berühmten Labyrinth von Chartres. Die Begrenzungen sind teilweise in roter und brauner Farbe ausgemalt, der Eingang mit zwei fuss- oder blattförmigen Verzierungen hervorgehoben.

Reihenfolge der Umgänge von aussen nach innen: Eingang-3-2-1-4-7-6-5-8-11-10-9-Ziel. Die Umgänge 1-7 in gleicher Anordnung wie bei Walahfrid Strabo in Cod. Sang. 878. Die Umgänge 1-3 in gleicher Anordnung wie bei Notker dem Deutschen in Cod. Sang. 825.

Das Labyrinth als Bild für den Lebensweg

Neben der Verortung der Erde im Universum und der Zeit in der christlichen Heilsgeschichte stellten sich dem frühmittelalterlichen Menschen nicht anders als uns heute Fragen nach dem Sinn und Ziel des Lebens. Dabei half das antike Bild des Labyrinths, das christlich umgedeutet wurde.[67] Drei Handschriften der Stiftsbibliothek vom 9. bis 11. Jahrhundert enthalten Labyrinth-Zeichnungen.[68] Sie sind ein Sinnbild für das Leben als Pilgerweg und Vorläufer des berühmten Labyrinths von Chartres vom Anfang des 13. Jahrhunderts.[69] Hier sind sie erstmals gemeinsam abgebildet.

Das literarisch überlieferte Labyrinth im bekannten antiken Minotaurus-Mythos unterscheidet sich inhaltlich von den Labyrinth-Zeichnungen des Mittelalters. Im Mythos diente es als Gefängnis und Richtstätte. Minos, König von Kreta, hatte es durch den Architekten Daedalus erbauen lassen, um das Monster Minotaurus einzuschliessen. Zur Sühne für einen verlorenen Feldzug wurden alle neun Jahre sieben athenische Jünglinge und Jungfrauen zum Ort geführt und dem Monster zum Frass vorgeworfen. Unter eine solche Opfergruppe mischte sich der athenische Held Theseus. Es gelang ihm mit Hilfe der Tochter von König Minos, Ariadne, die ihm ein Schwert und einen Faden gab – Liebe war im Spiel –, im Labyrinth den Minotaurus zu erschlagen und entlang des Ariadnefadens wieder hinauszufinden.[70]

Die Idee des christlichen Labyrinths ist demgegenüber ins Positive gewendet. Einerseits geht der Weg nach innen zur Erlösung. Zuinnerst warten nicht Gefahr und Verderben des Minotaurus, sondern Gott und seine Erlösung. Andererseits kann man sich in den Gängen nicht verirren, denn es gibt keine Abzweigungen – wie es übrigens auch in allen überlieferten antiken Labyrinth-Darstellungen der Fall ist.

Nach christlicher Anschauung war das Ziel des menschlichen Lebens das Paradies, in das jede und jeder nach dem Tod einzutreten hoffte. Dass der Weg dorthin in der Regel nicht geradlinig verlief, lag an der unvollkommenen Natur des Menschen. Trotzdem war das Ziel für alle erreichbar, mit Hilfe Gottes, der alle Menschen erlöst hatte. So wurde das Labyrinth zu einem ebenso anschaulichen wie geheimnisvollen Bild für das Leben des Menschen als Pilgerreise. Folgerichtig erschien es in den folgenden Jahrhunderten vor, an und in den Bauten vieler Pilgerorte. Am Ziel ihrer Reise konnten die Gläubigen so ihren Weg noch einmal konzentriert durchschreiten und verinnerlichen. Bis heute übt diese Idee Faszination aus.

EXCE

Tribus miraculis ornatum diem sanctum credimus hodie stella magos duxit ad presepium hodie vinum ex aqua factum est ad nuptias hodie [illegible] ... [illegible]

domus

EXCERPTUM DE LIBRO ALBINI MAGISTRI

St. Gallen, Stiftsbibliothek
Cod. Sang. 878, S. 277
Pergament, 304 Seiten
21.5 × 13.5 cm
Kloster Reichenau,
Walahfrid Strabo, 825/849

Labyrinth von Walahfrid Strabo mit 7 Umgängen in 8 Kreisen. Über der Zeichnung steht, durch Reagenzien verdunkelt und kaum mehr lesbar: *domus Dedali – hac minotaurum conclusit* («Haus des Daedalus – darin hat er den Minotaurus eingeschlossen.»)

Reihenfolge der Umgänge von aussen nach innen: Eingang – 3 – 2 – 1 – 4 – 7 – 6 – 5 – Ziel. Alle Umgänge in gleicher Anordnung wie die Umgänge 1 – 7, aber ohne die Umgänge 8 – 11 in Cod. Sang. 197. Die Umgänge 1 – 3 wie bei Notker dem Deutschen in Cod. Sang. 825.

NIHIL E(ST) Sed uis ne rationes ipsas inuicē collidam(us)? forsitan ex huiusmodi conflictatione
chra quędā ueritatis scintilla dissiliat. Uuile du nū chad si. dah ih selben die redā. die ih
fore geouget habo. hesamine slahe. dah tar ūz etelih scone gneista springe. Tuo inqu
arbitratu. Also dū uuellest chad ih. Dm inquit ēē omniū potentē. nemo dubitauerit
Kot chad si. ne hiuuelot nioman uuesen alemahtigen. Qui quidē inquā mente cōsistat
lus prorsus ambigat. Ter sinnig ist chad ih. ter ne hiuuelot is. Qui uō ē inquit omniū poten
bil ē q(uo)d ille n̄ possit. Ter al gemag chad si. sol ieht sin. dah er ne gemuge. Nihil inqu
Nieht chad ih. Argumtū a toto ad partē. Nū igit(ur) ds facere malū potest? Mag kot u
tuon chad si. Minime inquā. Nein chad ih. Malū igit(ur) inquit nihil ē. cū id facere il
n̄ possit. qui nihil n̄ possit. Fone diu chad si. neist ubel nieht. sid ih(er) ter ne mag tuo
der al tuon mag. Argumtū ab efficiente. Uuār ist tah effectū sō der effector nei
Tāh ist tiu scintilla. dah malū nieht neist. Fone diu chit augustin. dah malū crea
ra ne si. nob effectio di. nube defectio a dō. Angelū & hominē a dō deficere & n̄ ips
herere malū ē.

DE SIMILITUDINE HARUM RATIONUM.

Ludis ne me inquā. texens rationib(us) inextricabilē laborinthū? Spilest tu samer
mir chad ih. mit tinero redo. so feruuundenen laborinthū uuurchendo? Qu
n̄c quidē qua egrediaris introeas. n̄c ū quā introieris egrediare. Tah tu nū inga
gest. tār du ūz kienge. unde aber dār ūz kangest. tār du in giengę. So ih in la
rintho feret. unde so du hier sehen maht. An mirabilē quen
diuinę simplicitatis orbē cōplicas? Alde uuundest tu
dah uuunderlicha chliuue dero gotes einf
ti. Et enī paulo ante a beatitudine incipien
eā sūmū bonū ēē dicebas. quā in sūmo d
sitā ēē loquebare. Sus habest tu mi
mir geredot. Tū fienge ana hebeat
tudine. unde sagetost sia uue sen sūm
bonū. unde chāde sia in gote uuesen.
sū q(uo)d dm. sūmū ēē bonū. plenāq(ue) be atitudin
disserebas. Unde sagetost tu got selben uuesen sūmū bonū. ioh beatitudinē
Ex quo neminē beatū fore. nisi qui parit(er) ds ēēt. quasi munusculū dabas. Und

St. Gallen, Stiftsbibliothek
Cod. Sang. 825, S. 176
Pergament, 342 Seiten
28.5 × 20.5 cm
Kloster St. Gallen, 1000/1050

Labyrinth von Notker dem Deutschen (?) mit nur 6 Umgängen in 7 Kreisen. Die seltene Form ist vermutlich auf die Platzverhältnisse zurückzuführen. Das Bild nimmt Bezug auf die Gedankenführung in einer Rede, die wie ein Labyrinth sein kann.

Reihenfolge der Umgänge von aussen nach innen: Eingang-3-2-1-6-5-4-Ziel. Die Umgänge 1-3 in gleicher Anordnung wie in Cod. Sang. 197 und bei Walahfrid Strabo in Cod. Sang. 878.

Der soziale Heilige St. Gallens

Cornel Dora

Bis zur Ausbildung des modernen Sozialstaats im 19. Jahrhundert bildeten Krankheit und Armut ein Paar. Armut folgte in der Regel unvermeidlich auf den Verlust der Gesundheit und damit der Fähigkeit, sich einen Erwerb zu erarbeiten. Nur die eigene Sippe, menschliches Mitgefühl oder die karitativen Werke der Religionen brachten Linderung. Immerhin: Die Erzählung des barmherzigen Samariters und andere Bibelstellen stärkten in der Spätantike und im christlichen Mittelalter die Idee der selbstlosen Mitmenschlichkeit wesentlich. So wurde der eine Mensch zum Nächsten des anderen.[71]

Die Sorge um Kranke und Bettler in den Kirchen und Klöstern des Frühmittelalters ist vielfach belegt. Auch das Kloster St.Gallen kümmerte sich um sie und stellte dafür Ressourcen zur Verfügung.[72] Diese sorgende Tradition im Galluskloster geht wesentlich auf Otmar zurück. Er ist der soziale Heilige St.Gallens.

Walahfrid bezeichnet Otmar als *pater pauperum,* als «Vater für die Armen». In der Otmarsvita berichtet er, wie sich dieser um die Armen und Kranken sorgte, wie er ihnen Wohnungen baute, seine Kleider mit ihnen teilte und Silber, das er von König Pippin für sein Kloster erhalten hatte, sofort den Bedürftigen weiter verschenkte. Unter Otmar wurde das Kloster St.Gallen zu einem Ort der sozialen Fürsorge in der Gesellschaft. Erstmals wird diese im Bodenseeraum als institutionelle Aufgabe wahrnehmbar.

Besonders bemerkenswert am sozialen Engagement Otmars ist seine Sorge für die Aussätzigen. Auf diese Krankheit konzentrieren wir uns im Folgenden mit drei Textzeugen aus dem Frühmittelalter. In ihnen zeigt sich Menschlichkeit eindrücklich im doppelten Sinn: beim Kranken in dessen existenzieller Verletzlichkeit und beim Sorgenden in der ethisch begründeten Selbstlosigkeit.

Der Aussatz, auch Lepra genannt, zählt zu den ältesten bekannten Krankheiten der Menschheit.[73] Für die Betroffenen bedeutete der Aussatz grösstes Leid. Aufgrund der diffusen Ansteckungsgefahr wurden sie sozial ausgegrenzt und gezwungen, bis zum Tod getrennt von der Gesellschaft zu leben, so wie es der deutsche Begriff «Aussatz» ausdrückt.[74]

Papst Silvester heilt Kaiser Konstantin vom Aussatz

St. Gallen, Stiftsbibliothek
Cod. Sang. 568, S. 43
Pergament, 182 Seiten
24 × 18 cm
Kloster St. Gallen, 880/890

Unser Wissen um die Lepra in Antike und Mittelalter wird erschwert durch begriffliche Unklarheiten in der schriftlichen Überlieferung. Oft lassen die antiken oder frühmittelalterlichen Texte keine eindeutige Bestimmung der Krankheit als Lepra im klinischen Sinn zu. Es könnte sich auch um andere Hautkrankheiten, etwa die Elephantiasis, gehandelt haben.[75]

Ähnlich wie heute dürfte der Aussatz schon in Antike und Mittelalter als tuberkuloide Lepra, als Borderline-Lepra oder als lepromatöse Lepra aufgetreten sein.[76] Letztere stellt die drastische Ausprägung mit offenen Geschwüren und abfaulenden Gliedern dar, die wir besonders mit dem Begriff verbinden. Die Krankheit führte nicht unmittelbar zum Tod. Betroffene konnten noch lange Zeit leben. Aber das soziale Leben der Befallenen wurde von einem Tag auf den anderen zerstört. Sie mussten sich vom Rest der Gesellschaft trennen und andere Menschen mit Klappern oder ähnlichen Hilfsmitteln vor sich warnen. Weil die Inkubationszeit bis zu zwanzig Jahren dauern konnte und weil meist nicht geklärt werden konnte, wann, wo und wie die Bakterien übertragen worden waren, wirkte die Krankheit wie ein Gottesurteil.[77]

Ein wichtiges Textzeugnis zur Geschichte der Lepra in Europa, das gerade diesen Eindruck eines Schicksalsschlags, aber auch einer göttlichen Heilung, vermittelt, ist die Silvesterlegende. Sie war im Mittelalter wohlbekannt und ihr Inhalt hat über die Legendensammlung der *Legenda aurea* Eingang in die europäische Literatur gefunden.

Die Erzählung berichtet, wie Kaiser Konstantin († 337), der mit dem Edikt von Mailand 313 den Durchbruch des Christentums im römischen Reich einleitete, vom Aussatz befallen *(elephantiae a deo lepra in toto corpore percussus est)*,[78] aber durch die Taufe von Papst Silvester wieder geheilt wird. Der Vorgang erinnert an die Heilungen von Aussätzigen im Neuen Testament der Bibel, denen nach der Aussage Jesu durch ihren Glauben geholfen worden war (Lk 17,11–19). Die Vermischung der Bezeichnungen von Elephantiasis und Lepra zeigt in diesem Text typisch die Unsicherheit bei der Verwendung des Begriffs.[79]

Die Silvesterlegende ist in einer sehr schön geschriebenen Handschrift (Cod. Sang. 568) erhalten, die wohl aus dem Umkreis des St. Galler Schreibers Folchart stammt. Sie wurde um 900 im ältesten Bibliothekskatalog des Klosters nachgetragen mit der Bezeichnung *Vita sancti Silvestri recens et bene conscripta* («Neues und gut geschriebenes Leben des heiligen Silvester») (Cod. Sang. 728, S. 15).[80] Interessant sind die über dem Text eingetragenen Akzente. Sie belegen die Verwendung der Handschrift beim mündlichen Vortrag, vielleicht im Rahmen der Tischlesung.

amiserat reddidisti · & fecisti nobis ex
ꝑsecutore doctorem · tu emunda hunc
seruum tuum ; omnium terrenorum
principem constantinum · Et sicut a
nimam eius ab omni stercore peccati
mundasti · ita corpus eius ab omni hac
lepra elephantię ablue · ut ex ꝑsequen
te · credentem & defendentem se habere
uirum hunc · sc̄a tua ecclesia catholica
glori&ur · ꝑ dn̄m nostrum ih̄m xp̄m
filium tuum · qui tecum uiuit & regnat
in unitate sp̄s sc̄i · in saecula saeculorum ·
Cumq· omnes respondissent amen · su
bito quasi fulgur · lux intolerabilis
ꝑ mediam fere horam emicuit · quae
omnium & mentes exterruit · & aspectus
obtexit · Et ecce sonus in aqua quasi
sartaginis stridentis exortus · uelut

[illegible] one
[illegible] bus singu [illegible] redens [illegible]
[illegible]
[illegible] esar
[illegible] ongr [illegible] nu
[illegible] it [illegible] calidis
[illegible] s ferculis inlatis
[illegible] ieiuna praesens conuiuin[illegible]
[illegible] deponerit. languidis autem [illegible]
[illegible] porrigere. hoc praesentibus duabus
[illegible] tangeret donec potulenti fratres
[illegible] remouens se loco ut ablueret ma
[illegible] culto [illegible] gratificabantur. si quid audiret de
[illegible] iubebat tamen ut sederent donec uellent adsurgere.
[illegible] uero omne dominico die hoc habebat in canone uel aestate
uel hieme ut pauperibus collectis primum mero sua manu de potu dulce
porrigeret. puellae postea committens ut omnis illa propinare quia ipsa
festinabat orationem recurrere quo et cursum consummaret et sacerdotibus
ad mensam inuitatis occurreret. quos adhuc regali more ad propria cur
dissent sine murmure non laxaret. hanc quoque rem intermiscenda quam page
bat dulcedine cum leprosi uenientes signo facto se proderent iubebat ad
minicule ut unde uel quanti essent pia cura requireret. quasi bireni
tunc parata mensa missorium coclearis cultellos cannas potum et ca
lices scola subsequente intromittebantur furtim quo se ne operipe
ret. ipsa tamen mulieres uariis leprae maculis comprehendens in am
plexu osculabatur. et uultus tota diligens animo. Deinde posita
mensa ferens aquam calidam facies lauabat. manus ungues et ul
cera et rursus aministrabat. ipsa pascens per singula receden
tibus praebebat auri uel uestimenti. ubi unam de his sic munuscula
ministra tamen praesumebat. et sibi blandimentis sic appellare scis
sima domina quis te osculetur quae sic leprosas amplecteris. illa res
pondit. beneuole uerissime non osculeris hic mihi cura ne culla
est quo tamen praestante deo diuerso fulsit miraculo. Denique si qu[illegible]

St. Gallen, Stiftsbibliothek
Cod. Sang. 561, S. 182
Pergament, 207 Seiten
29.5 × 22 cm
Kloster St. Gallen,
9./10. Jahrhundert

Radegund küsst Aussätzige

Die mitmenschliche Sorge um Aussätzige wurde bereits in der Spätantike als gutes Werk im Sinn der Nachfolge Christi betrachtet. Sie taucht deshalb früh als Motiv in Heiligenlegenden auf, beispielsweise in der Vita des heiligen Martin von Tours († 397). Dort wird berichtet, dieser habe zum Entsetzen aller am Eingang von Paris einen Aussätzigen gesegnet und geküsst.[81]

Ein ebenso nonkonformes Verhalten inklusive des als gefährlich betrachteten Körperkontakts beschreibt auch Venantius Fortunatus († 600/610) in der Lebensgeschichte der heiligen Radegund († 587).[82]

Radegund gehört zu den wichtigsten Frauengestalten des Frühmittelalters. Wir sind über ihr Leben ausserordentlich gut unterrichtet. Die aus Thüringen stammende Königstocher wurde vom fränkischen König Chlothar I. († 561) 531 verschleppt und 540 zur Heirat gezwungen. Als Königin führte sie ein der Religion zugewandtes Leben. Nachdem Chlothar um 550 ihren Bruder hatte ermorden lassen, trennte sich Radegund von ihm und gründete um 560 in Poitiers das erste Frauenkloster in Europa. Sie setzte ihr Pflegekind Agnes als Äbtissin ein, zog sich dorthin zurück und suchte sich oft die niedrigsten Dienste aus, darunter auch die Krankenpflege.[83] In diesem Zusammenhang berichtet die Vita des Venantius auch von einer Begegnung mit Aussätzigen, die im Vergleich mit der Otmarsvita interessant ist, weil wie dort die konkrete Wundpflege beschrieben ist:

«Als Aussätzige herankamen und mit ihren Zeichen auf sich aufmerksam machten, forderte sie eine Dienerin auf, sich mit frommer Sorgfalt zu erkundigen, woher und wie viele sie seien. Als diese ihr Meldung machte, liess sie den Tisch bereiten – ein Serviertablett, Löffel, Messer, Kannen, Trank und Becher. Und während die Gruppe [der Aussätzigen] gleich darauf folgte, stahl sie sich heimlich hinein, damit niemand sie bemerkte. Sie selbst jedoch umarmte Frauen mit mannigfachen Lepraflecken und küsste ihnen auch das Gesicht, das ganze Herz von Liebe erfüllt. Nachdem sodann die Tafel aufgehoben worden war, brachte sie heisses Wasser, wusch die Gesichter und versorgte wieder die Hände, Nägel und Geschwüre, wobei sie sich selbst um alles im Einzelnen kümmerte. [...] Eine Dienerin jedoch wagte es, ... [sie] so anzusprechen: ‹Hochheilige Herrin, wer soll dich [noch] küssen, die du so die Leprakranken umarmst?› Jene antwortete wohlwollend: ‹Wahrhaft, wenn du mich nicht küssen willst, so bereitet mir das keinen Kummer.›»[84]

Die Handschrift Cod. Sang. 561 enthält zahlreiche Lebensgeschichten von altrömischen und frühmittelalterlichen Heiligen. Leider ist der Teil mit der Radegund-Vita durch Wasser beschädigt worden.

Otmars Lepraspital

St.Gallen, Stiftsbibliothek
Cod. Sang. 560, S. 270–271
Pergament, 546 Seiten
26 × 18.5 cm
Kloster St.Gallen, 1072/1076

Otmar ist einer der wenigen Zeugen für die institutionelle Versorgung von Leprakranken im Frühmittelalter. Seine Lebensgeschichte überliefert, dass er für die Aussätzigen ein kleines Spital in der Nähe des Klosters baute:[85]

«Er errichtete nämlich für die Aufnahme der Aussätzigen, die sich von den Mitmenschen trennen und abgesondert leben mussten, ein kleines Spital, zwar nicht weit weg vom Kloster, aber doch ausserhalb jener Wohnstätten, in welchen die anderen Bedürftigen aufgenommen wurden.»[86]

Diese Stelle in der Otmarsvita zählt zu den frühesten schriftlichen Zeugnissen für das Bestehen von Leprosorien in Westeuropa.[87] Als in der Regel kleine Aufnahmestellen standen diese am Anfang der Entwicklung fürsorgerischer Strukturen im Mittelalter. Später entstanden Stiftungen, eigene Kirchen und Friedhöfe für den Unterhalt der Kranken. Wie andernorts erfahren wir, dass die Aussätzigen auch in St.Gallen von der Gesellschaft abgesondert wurden. Und zudem belegt der Bericht, dass die Krankheit im 8. Jahrhundert im Bodenseeraum auftrat.

Im St.Galler Leprosorium wurden die Bedürftigen vom Abt selber gepflegt, wie Walahfrid im folgenden Abschnitt anfügt. Ganz ähnlich wie bei Radegund bestand Otmars Krankensorge aus dem Waschen des Körpers, dem Reinigen und Versorgen der Wunden, der persönlichen Zuwendung, der Versorgung mit Lebensmitteln, sowie – hier zusätzlich – dem Nachtdienst:

«Und er widmete ihnen auf jede nur mögliche Weise seine persönliche Pflege so eifrig, dass er das Kloster selbst in nächtlichen Stunden öfters verliess, um sich ihrer Sorge mit hingebender Aufopferung anzunehmen. So wusch er ihnen die Köpfe und Füsse, säuberte eigenhändig ihre eiternden Wunden und verschaffte ihnen den notwendigen Lebensunterhalt, wobei er im Geist stets jenes Urteil erwog, das der gerechte Richter den Barmherzigen vorbehalten hat, wenn er sagt: ‹Was ihr einem dieser Geringsten getan habt, das habt ihr mir getan.›»[88]

Der letzte Satz verankert das Handeln Otmars in der christlichen Ethik und zitiert dazu aus einer der wichtigsten Stellen des Neuen Testaments, der Vision Jesu vom Weltgericht (Mt 25, 31–46, hier Vers 40). Derselbe Vers wird in der Benediktsregel im Kapitel über die Sorge für die Kranken zitiert.[89]

Die schöne Handschrift Cod. Sang. 560 ist um 1072/1076 wohl vom St.Galler Mönch Herimannus geschrieben worden, der sich auf Seite 6 nennt. Sie enthält die Lebensgeschichten von Gallus, Otmar und neu nun auch Wiborada, die 1047 als dritte zu den St.Galler Hausheiligen hinzugestossen war. Der Band zeugt von einer noch immer hochstehenden St.Galler Buchkultur im dritten Viertel des 11. Jahrhunderts, gegen Ende des Goldenen Zeitalters.[90]

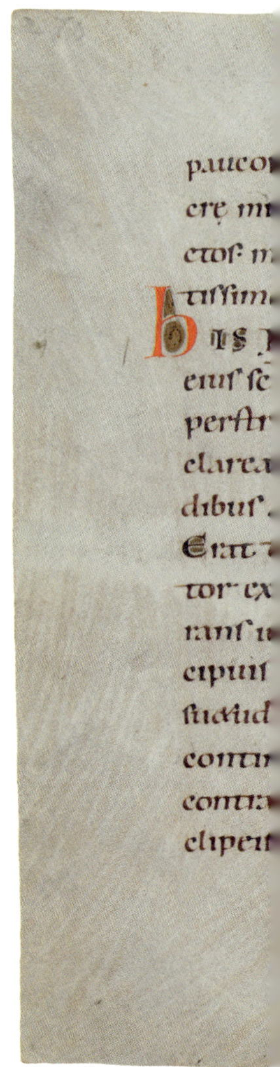

quam plures ad sa
uite fratres attra
io suo & cura decen
rnara
IBATIS · CUI ·
i liceat summatim
· ut liquido cunctis
uis profectuum gra
e gloriam sit euectus
parsimonie secta
creberrimo mace
corpus ita ut in p
orum diebus ex con
lui abstinentiam
frequentius & his
camentorum iacula
mitus uigilias ama

bat · & assiduitate orandi spiritua
lia nequitie repellebat · Summe
autem humilitatis gratia precipue
preditus · intantum uoluntariam
paupertatem diligebat · ut terrenam
gloriam omnibus fugeret modis ·
Cui etiam hec erat consuetudo ·
ut si quoquam pro utilitate mona
sterii eum tendere necessitas popo
scisset · uilis mini dorso ueheretur ·
aselli · Erat inter cetera tanta
in eo pauperum sollicitudo · ut eos
curam p(er) se potius quam p(er) alios ex
hibere studeret · In eo uero miseri
cordie opere quod elemosyna
dicitur · uix cuiquam habebatur ·
secundus · Nam ad suscipiendos

Alemannen und Franken und ihre Sprachen

Andreas Nievergelt

Zur Abtszeit Otmars wurde das Kloster St.Gallen in das Spannungsfeld der fränkischen Machtpolitik hereingezogen. Nach dem Blutgericht bei Cannstadt im Jahr 746, bei welchem die Franken die alemannische Elite aus Furcht vor deren Wiedererstarken ermordeten, versuchten die beiden fränkischen Grafen Ruthard und Warin das aufblühende Kloster zu schwächen, unterstützten die Herrschaftsansprüche des Bischofs von Konstanz und nahmen schliesslich Otmar unter gefälschter Anklage fest.

Otmar war alemannischer Abstammung. Seine Kindheit verbrachte er in Chur. Er sprach daher sicherlich alemannisch und wohl auch eine romanische Volkssprache. Alemannen und Franken sprachen unterschiedliche Dialekte, hatten untereinander aber wohl keine Verständigungsprobleme. Für die Sprachgeschichte stellt sich die Frage, ob das Eingreifen der Franken in Alemannien zu einem fränkischen Einfluss auch auf die alemannische Sprache führte und Folgen für das St.Galler Althochdeutsch zeitigte.

Über die Sprachsituation in St.Gallen zur Zeit Otmars lässt sich nichts Sicheres sagen.[91] Die Gegend war bewohnt von einer romanischsprachigen alteingesessenen Bevölkerung und germanischen Neusiedlern. Runeninschriften wurden im St.Galler Raum bislang nicht gefunden.[92] Aus den ersten Urkunden kennen wir Personen-, Orts- und Gewässernamen. Das älteste, zu Otmars Zeit aber kaum mehr lebendige Wortgut ist in den Gesetzestexten der germanischen Stammesrechte überliefert, von denen die Stiftsbibliothek einige Handschriften besitzt. Die volkssprachige Originalüberlieferung setzt – in Form von ersten Glossen – erst nach Otmars Tod ein, dies allerdings sehr bald, und setzt sich in der Folge während der gesamten althochdeutschen Periode bis ans Ende des 11. Jahrhunderts fort.

Die Sprache der Belege ist das Altalemannische. St.Gallen unterscheidet sich hier von anderen alemannischen Klöstern wie der Reichenau und Murbach, deren frühe Quellen häufig fränkische Einflüsse zeigen, da sie oft Abschriften von nicht-alemannischen Vorlagen sind. St.Gallen besitzt eine herausragende Stellung als Überlieferungsort des ältesten Alemannisch aus erster Hand.[93] Das Altfränkische zeigt sich in den Handschriften der Stiftsbibliothek zuerst nur in Handschriften, die nicht in St.Gallen entstanden sind, in den sehr alten Aldhelmglossen des Cod. Sang. 1394, S. 121–122 und 125–128,[94] und als Ostfränkisch in der Tatianhandschrift Cod. Sang. 56. In Handschriften, die in St.Gallen geschrieben wurden, tauchen fränkische Glossen erst gegen Ende der althochdeutschen Zeit auf.

Marcha

si extra marcha uenditi fuerint
reuocet eos in pristinam liber
tatem. & cum LXXX. sol conpon
si autem reuocare non potest.
cum. c.c.c.c. sol conponat.

XLVII. Si enim liber liberum in
fra prouincia uindederit re
uocet eum in pristinam liberta
tem. & XII sol conponat. si autē
feminam liberam infra prouin
tiam uindederit reuocet eum
in pristinam libertatem. & cū
XXIIII. sol conponat.;

XLVIII. Siquis hominem occi
derit quod alamanni morth
taudo dicunt. VIIII. uuirgeldus
eum soluat et quicquid super eū
arma uel raupa tullit omnia
furtiua conponat. De feminis
autem si ita contigerit dupliciter

Mord radt

Vergeldum

St. Gallen, Stiftsbibliothek
Cod. Sang. 729, S. 372
Pergament, 404 Seiten
23.5 × 15.5 cm
Westfrankreich, 800/825

Versteinerte Wörter

Die Alemannen besetzten im 5. Jahrhundert das Elsass, die Schweiz bis zum Alpenkamm, das Vorarlberg und die östlichen Gebiete bis zum Lech. 496/497 wurden sie bei Zülpich (Nordrhein-Westfalen) von den Franken besiegt, 746 im sogenannten Blutgericht zu Cannstadt ihrer Führung beraubt und endgültig ins fränkische Reich eingegliedert. Zu Beginn des 7. Jahrhunderts kommt es zur ersten Aufzeichnung des alemannischen Volksrechts im *Pactus legis Alamannorum.* Hundert Jahre später entstand eine Neufassung des alemannischen Volksrechts, die *Lex Alamannorum.*[95] Sie ist im Unterschied zum *Pactus* reich überliefert,[96] vom 8. bis 12. Jahrhundert in rund 50 Handschriften. Beide Texte sind lateinisch verfasst.

Im *Pactus* und der *Lex Alamannorum* wird der Charakter eines alemannischen Gesetzes hervorgehoben, indem Geschädigte als *Alamanni* bezeichnet und volkssprachige Bezeichnungen von Tatbeständen mit der Formel *quod Alamanni dicunt* («was die Alemannen ... nennen») eingeleitet werden. Diese Einsprengsel in der Volkssprache überliefern das älteste Wortgut des Deutschen.[97] Es ist altersmässig komplex geschichtet. Neben den ältesten, in der ganzen Germania verbreiteten Wörtern kommen jüngere vor, die dialektale Kennzeichen aufweisen. Auf der abgebildeten Seite des Cod. Sang. 729 wird in den Zeilen 14–15 der Sachverhalt *Si quis hominem occiderit* («Wenn jemand einen Menschen tötet») erläutert mit *quod Alamanni morthtaudo dicunt* («was die Alemannen ‹tot durch Mord› nennen»). Der Begriff spezifiziert die Tat; im Gegensatz zum «Schlag» bezeichnete im Germanischen «Mord» die heimtückische, verheimlichte Tötung. Das Wort gehört zu einer alten Schicht. Das verrät seine archaische Lautgestalt, die keine eindeutige Zuweisung zum Alemannischen erlaubt. Andere Belege wie beispielsweise *pulislac* («Beulenschlag») zeigen dagegen oberdeutsche Merkmale. In latinisierten Wörtern wie dem folgenden *uuirgeldus* («Manngeld») wirkt die Volkssprache versteinert.

Im Cod. Sang. 729 sind unterschiedliche Gesetzestexte versammelt, neben der *Lex Alamannorum* auch die *Lex Romana Visigothorum* und die fränkische *Lex Salica.* Die Handschrift ist französischer Herkunft und stammt aus dem frühen 9. Jahrhundert. In der zweiten Hälfte des 9. Jahrhunderts ist sie in St. Gallen bezeugt. Sie wanderte im 16. Jahrhundert in den Besitz der Familie Tschudi und kehrte mit deren Nachlass im 18. Jahrhundert in die Stiftsbibliothek zurück. Vermutlich vom Gelehrten Aegidius Tschudi (1505–1573) stammen die neuzeitlichen Glossen der Handschrift.[98] Der Historiker hat sich offensichtlich ganz besonders für die germanischen Rechtswörter interessiert.

Das älteste Alemannisch

St. Gallen, Stiftsbibliothek
Cod. Sang. 70, S. 27
Pergament, 258 Seiten
29 × 20.5 cm
Kloster St. Gallen, 760/780

Der Cod. Sang. 70, eine Abschrift der Paulusbriefe, wurde in voller Länge von dem namentlich bekannten und für seine urwüchsige Schrift bekannten St. Galler Schreiber Winithar geschrieben. Im Jahre 1824 notierte der damalige Stiftsbibliothekar Ildefons von Arx auf ein Vorblatt des Codex (S. 3): *Teutonicas voces interlineares require pag. 97. et sequentibus* («Auf Seite 97 und den folgenden Seiten suche bzw. beachte man interlineare deutsche Wörter»). Dem aufmerksamen Handschriftenkenner war nicht entgangen, dass zwischen den Zeilen mit feiner Feder einzelne althochdeutsche Wörter eingetragen sind. Noch verrieten seine schlichten Worte nichts von der grossen Bedeutung dieser Glossen, nicht nur für die St. Galler Kulturgeschichte, sondern für die gesamte historische germanistische Sprachwissenschaft.

Obwohl die Originalüberlieferung der deutschen Sprache in der Mitte des 8. Jahrhunderts einsetzt, lassen sich die wenigsten der frühen Quellen mit Sicherheit noch dem 8. Jahrhundert zuweisen. Ihre Datierung wird dadurch erschwert, dass sie in fast allen Fällen nicht Haupttext der Handschrift, sondern nachträgliche Einträge sind. Zum überwiegenden Teil bestehen sie zudem aus sporadischen Einzelwörtern mit nur wenigen Anhaltspunkten für eine schriftkundliche Einschätzung.

Die Glossen im Cod. Sang. 70 zeichnen sich dagegen als Glücksfall durch charakteristische Schriftmerkmale aus, die eine verhältnismässig genaue Datierung und Lokalisierung auf das dritte Viertel des 8. Jahrhunderts in St. Gallen zulassen. Unter den oberdeutschen Glossen billigt ihnen Bernhard Bischoff altersmässig gar «den ersten Platz» zu.[99] Für die Erforschung des alemannischen Dialekts stellen sie damit eine der kostbarsten Quellen dar.

Ihre Erforschung begann in der Anfangszeit der historischen Germanistik und ist bis heute zu keinem Abschluss gekommen. Erst vor wenigen Jahren kamen nämlich neben den etwa 120 Federglossen noch gut 90 Griffelglossen zum Vorschein, deren Entzifferung jedoch grosse Schwierigkeiten macht.[100] Auf der Abbildung sind sie nicht zu erkennen. Lesbar ist dagegen über der ersten Zeile die Glosse *pilidi des aftarin* («das Bild des Zukünftigen»),[101] mit welcher der lateinische Ausdruck *forma futuri* (Rm 5,14) auf Althochdeutsch erläutert wird. Paulus spricht von Adam als dem Gegenbild des Zukünftigen, mit dem Christus gemeint ist. Die althochdeutschen Wörter wurden zweimal hingeschrieben und teilweise auch radiert, was zeigt, dass die Glossierung überarbeitet wurde und das Werk mehrerer Glossatoren ist. Neben der 7. Zeile steht im Blattrand eine weitere Glosse, *in tarunko* («in Verurteilung»), als Übersetzung zu *in condemnacionem* (Rm 5,16).[102]

p[er] illi[us] delict[um] ...

qui est formae futuri. XIIII capitulum

Sed non sicut delictum ita et donum. Si enim
unius delicto multi mortui sunt.
multo magis gratia dei et donum in gra-
cia unius hominis ihu xpi in plures
habundavit. Et non sicut per unum delictum
ita et donum. Nam iudicium ex uno in condemnacione. gratia autem ex multis delictis in ius-
tificatione. Si enim in unius delicto mors
regnavit per unum. multo magis habun-
dancia gratiae et do~~num iustitiae~~ (nationis) iusticie accipi-
entes in vita regnabunt per unum ihm xpm.
Igitur sicut per unius delictum in omnes
homines in condemnacionem. sic et per
unius iusticiam in omnes (homines) in iustificatio-
nem vitae. Sicut enim per inobodiencia
unius peccatores constituti sunt multi. ita et per unius oboediencia iusti consti-
tuuntur multi. Lex autem subintravit
ut habundaret delictum. Ubi autem habundavit peccatum superhabundavit (et) gratia
ut sicut regnavit peccatum in mortem
ita et gratia regnet per iustitiam in vitam ae-
ternam per ihm xpm dnm nm. Quid ergo dicimus? permanebimus in peccato ut gra-
cia habundet? Absit. Qui enim mortui
sumus peccato quomodo adhuc vivimus
in illo

+ gratiae : hominis

mors ... | regnab... | ... promissionis

168

I inguidus· annue· Leues· altes· cotnices· ortigometra
telon· Calta pinguia· uirgultu· unde balsamu flu
Balsamu· arbor in india· nascitur in gitti isulis· Surcu
uirgulto· foliu· pigmentu optimu de paradiso fluen
illis fluminib9· Stige· inferno· Acheronticis· iferni
acheron· i tp· sine gadio· Imbuit· excepellet· Gemit
trionib9· septentrionib9· Bosforeu· qsi fosforeu· i· luc
Ithemo· thibsla·
Katalecticu· supra syllaba· Lethe amis· obliuiosa· F
princeps·
Tetrarches· Charybden· uoragine· Peruicaci· ptinaci
tigiator· astige· gougg ilari· Meander· fluuius· ide
itros circuiciones· Liquesce· euanesce·
Nazareth· flos mundicie· t castitas mundi· Obstrang biwurig
Socordia· pigricia· Lepos· eloquens· luxuriosus· Dete
gisuorban
prudencia polita· Syrtes· aresona loca· Dispendia·
Obsequia· obediencia· Confragosa· asyera Uieo· uetulo· t ueteri S
bursta· Lanugo· lasoruinga llana i sup ficie lane· Parcus· paruus
Seuerus· qsi seuus uerus· Locusta· heuuiscerkko· Pia
expiatas· Notas· bi zihti noxas· Defecauerat· erdruasnita purgauerat· O
lu· zimbar· auru· argentu· plubu· & siqua sunt simil· S
lucidu· sauuiahti· Stema· corona regat· Romphea gladi
Vdo· umido· Vrna· uas in quo sors exercebatur· Molari

St.Gallen, Stiftsbibliothek
Cod. Sang. 292, S. 168
Pergament, 210 Seiten
15 × 11.5 cm
Kloster St.Gallen,
11./12. Jahrhundert

Fränkische Glossen aus St.Gallen

Was hat es zu bedeuten, wenn ein Schreiber in St.Gallen althochdeutsche Glossen im fränkischen Dialekt und nicht im einheimischen Alemannisch aufschreibt? Muss es sich beim Glossator dann um einen Franken gehandelt haben? Oder stammt die Handschrift dann vielleicht gar nicht aus St.Gallen?

Die dialektalen Züge von althochdeutschen Denkmälern können helfen, Handschriften mit einer schwer lokalisierbaren Schrift mit einem Gebiet oder Ort zu verbinden. Und so werden althochdeutsche Texte und Glossen beigezogen, um Vermutungen zur Schriftheimat zu stützen oder in Frage zu stellen – in der Annahme, die aufgezeichnete Volkssprache sei am Ort der Niederschrift gesprochen worden. Im Althochdeutsch der Handschriften, die in St.Gallen entstanden, tritt uns erwartungsgemäss zunächst das Alemannische entgegen. Dies ändert sich, als ab Ende des 10. und während des 11. Jahrhunderts die fränkische Sprache hinzutritt. In der Zeit davor war dies Handschriften vorbehalten, die aus fränkischen Klöstern beschafft wurden, wie beispielsweise dem aus Fulda stammenden Cod. Sang. 56.

Man zählt sieben Handschriften mit St.Galler Schriftheimat, deren Glossen fränkischen oder fränkisch gefärbten Sprachstand aufweisen.[103] Allerdings mischen sich in fünf von ihnen die fränkischen Glossen mit alemannischen. Keine alemannischen Spuren enthalten die fränkischen Glossen nur zweier Handschriften. Eine geriet deswegen – entgegen der paläographischen Expertise – prompt in Verdacht, nicht in St.Gallen geschrieben worden zu sein.[104]

Die Glossen im Cod. Sang. 292 gelten als Beispiel einer fränkisch-alemannischen Sprachmischung. Wie ist sie zu erklären? Das Phänomen ist nur aus dem Überlieferungskontext heraus zu verstehen. Die althochdeutschen Wörter stehen in Textglossaren, das sind Wörterbücher zu bestimmten Texten. Bilden Textglossare den Hauptinhalt einer Handschrift, finden sich meist verwandte Handschriften mit parallelen Glossen. Die Überlieferungstraditionen sind bei Textglossaren generell räumlich und zeitlich weit ausgedehnt.[105] Auch die Glossen im Cod. Sang. 292 sind Abschriften, wie ihre Vernetzung mit fränkischen und auch altsächsischen Parallelen zeigen.[106] Die alemannisch sprechenden St.Galler Mönche haben also die fränkischen Glossen nicht etwa selber formuliert, sondern aus weit gereisten Vorlagen abgeschrieben.

Bücher und Bibliothek im Kloster Otmars

Andreas Nievergelt

Über Schriftstücke im Besitz von Gallus und seiner Mönchsgemeinschaft ist nichts bekannt. Erstaunlicherweise gilt das ganz ähnlich auch noch ein Jahrhundert später für das Kloster unter Otmar. Es lässt sich keine Handschrift finden, die sich nachweislich mit dem Kloster St. Gallen aus der ersten Hälfte des 8. Jahrhunderts in Bezug setzen lässt.[107] Dieser Befund steht in einem offensichtlichen Gegensatz dazu, dass die Brüdergemeinschaft um Otmar wie schon diejenige von Gallus ohne Schriftstücke nicht vorstellbar ist. Als Kloster seiner Zeit muss zur Abtszeit Otmars auch St. Gallen mit Büchern ausgestattet gewesen sein. Was den Bestand, die inhaltliche Zusammenstellung, Aufbewahrung und Benutzung anbelangt, können wir jedoch nur Vermutungen anstellen.

Dieser Ungewissheit steht eine grössere Anzahl von Handschriften gegenüber, die vor oder zur Abtszeit Otmars entstanden sind und von alters her in der Stiftsbibliothek aufbewahrt werden. Da das Galluskloster zu jener Zeit zwar Urkunden produzierte, aber noch kein eigenes Skriptorium besass, müssen sie aus auswärtigen Schreibstuben stammen und angeschafft oder ausgeliehen worden sein. Tatsächlich zeigen ihre Schriften in der Mehrzahl auf eine fremde Schriftheimat. Wegen ihres Alters stehen diese Handschriften beim Versuch, sich von einer Bibliothek Otmars eine Vorstellung zu machen, als Untersuchungsmaterial an vorderster Stelle.

Um eine dieser frühen Handschriften mit Otmars Bibliothek verbinden zu können, müsste gezeigt werden, dass sie schon damals und nicht später nach St. Gallen gelangte. Ein Eintrag der Handschrift im ältesten Bibliothekskatalog des Cod. Sang. 728 ist dabei nur bedingt aufschlussreich, weil jene Bücherlisten erst in der zweiten Hälfte des 9. Jahrhunderts erstellt wurden. Eine auswärtige Handschrift lässt sich eigentlich nur dann in der ersten Hälfte des 8. Jahrhunderts in St. Gallen nachweisen, wenn sie sehr frühe Benutzerspuren trägt, die beweiskräftig als sanktgallische Zusätze nachgewiesen werden können. Als Indizien dafür kommen schriftgeschichtliche und sprachliche Merkmale in Frage. Das Kloster St. Gallen lag im altalemannischen Sprachgebiet, einer Kulturlandschaft mit einer charakteristischen Schriftentwicklung. Tatsächlich enthalten einige Handschriften Notizen von Benutzern in althochdeutscher Sprache und alemannischer Minuskel. Diese Einträge sind sehr selten und dort, wo sie mit Griffel ins Pergament eingeritzt sind, schwierig zu entziffern. Einritzungen in archaischem Alemannisch liefern jedoch oft die einzigen belastbaren Argumente, die es erlauben anzunehmen, dass eine Handschrift fremden Ursprungs schon im 8. Jahrhundert in St. Gallen war.

St.Gallen, Stiftsbibliothek
Cod. Sang. 188, S. 31
Pergament, 422 Seiten
29 × 19.5 cm
Burgund (?),
Anfang 8. Jahrhundert

Volumen vetus valde – «ein sehr alter Band»

Der umfangreiche Cod. Sang. 188 zählt zu den ältesten vollständigen Codices, die heute in der Stiftsbibliothek aufbewahrt werden. Seine Blätter waren ursprünglich deutlich grösser. Sie wurden später beschnitten, was auch an verstümmelten Marginalien zu erkennen ist. Der Band enthält nebst diversen Texten die Predigten des Maximus von Turin.

Als Textschrift ist eine merowingische Unzialschrift verwendet. Über ihre Herkunft herrscht in der Forschung keine einheitliche Ansicht. Im Katalog von Scherrer wird sie noch nach Italien lokalisiert.[108] Die jüngere Forschung verortet sie nach Frankreich und ins Burgund, eine Einordnung, die sich auf Einträge bezieht, deren Schrift sich stilistisch mit Schriften aus Luxeuil vergleichen lässt.[109] Aber auch das Alter der Handschrift ist noch nicht eindeutig bestimmt. Einer Datierung der Unziale noch in das 7. Jahrhundert durch die ältere Forschung steht die Datierung der neueren Forschung in die erste Hälfte des 8. Jahrhunderts gegenüber.[110]

Die Handschrift befindet sich spätestens seit 860/865 in der Klosterbibliothek, was mit einem Eintrag im ältesten Bücherverzeichnis bezeugt ist.[111] Dieser Eintrag ist mit dem Zusatz *uolumen uetus ualde,* «ein sehr alter Band», versehen worden, was die Identifikation sehr plausibel macht.[112] Gemessen an ihrem Alter könnte die Handschrift auch schon zu Lebzeiten Otmars das Galluskloster erreicht haben. Während dies nicht bestimmt werden kann, gestatten einige Benutzerspuren dennoch, den Zeitpunkt, an welchem die Handschrift St.Gallen erreichte, noch in das 8. Jahrhundert zu legen. Es handelt sich um eine kleine Textglossierung sowie eine rätselhafte Marginalie in angelsächsischen Runen. Beide sind mit Griffel eingeritzt.

Die Textglossen bestehen lediglich aus vier Wörtern, von denen drei abgekürzt sind. Entsprechend eingeschränkt ist die Information zu ihrer Sprache, die wenigstens als oberdeutsch bestimmt werden konnte. Eine Datierung noch in das 8. Jahrhundert ergibt sich aus der Schrift. Der Randeintrag in Runen ist vielleicht altenglisch, grundsätzlich aber noch unerklärt.

Ebenfalls zu einer frühen Zeit sind mit Griffel auf den Blatträndern auch wenige althochdeutsche Personennamen eingeritzt worden. Eine solche Eintragung lautet *perhto fecit,* wobei nicht klar wird, was der genannte Perhto «gemacht» hat. Vielleicht war er einer jener Mönche, die mit Griffel den Text korrigierten und über römische Zahlzeichen ausgeschriebene Zahlwörter einkratzten.[113]

cursu festinat ad tingere · sept. ·

ncipit item sequentia VIIII

Ante dies cum beatissimi martyris cypria
ni celebraremus natalem suauissimae
in eius festiuitate iucundati sumus. Qui
a enim hoc uindemiarum in tempore
passus est tamquam et nos de uindemia dulces
tuarios fructus ex eius passione collegimus.
pinguauit enim nos et refecit musto mar
tyrii sui. Est enim mustum quod refecit et in
ebriat xpianum. Sed ebrietas illa magis sobri
m facit. Qui enim inebriatur caelesti gratia
cortatur sarcina peccatorum. Hoc namque
usto repleti sci apostoli sicut ait scriptura
iis linguis di magnalia loquebantur. In
uo facto pariter ebrii esse uidebantur et
brii. Ebrii enim putabantur quod in his lo
quella praeter naturam altera personabat
periora quod iuxta consuetudinem mentie
m deuotione laudabant. Quod quidem non ela
aliqua aut inpudentia contigit ut uiri sci
peregrino sermone loquerentur. Sed pro inde
a diuinitatis factum est ut quia ad magni
candum dm una loquella non sufficit per plu
es linguas mentis deuotio soluerentur. Io
undati ergo sumus quia de uinea dni sabaoth
ructum refectionis accepimus. Vinea autem
ni sabaoth sicut dicit propheta domus isrl
st. Quae domus nos sumus secundum fidem

D. n. 64.

QUODGAUDEBITIN
EAMMAGISQUAM
INXCUIIIIQUAENO
ERRAUERUNTSIC
NONESTUOLUNTAS
ANTEPATREMUES
TRUMQUIESTINCAE
LISUTPEREATUNUS
DEPUSILLISISTIS
QUODSIPECCAUERIT
INTEFRATERTUUS
UADEETCORRIPEEU
INTERTEETIPSUMSO
LUMSITEAUDIERIT
LUCRATUSERISFRA
TREMTUUMSIAU
TEMNONTEAUDIE
RITADHIBETECUM
ADHUCETUNUM
UELDUOSUTINORE
DUORUMTESTIU
UELTRIUMSTET
NEUERBUMQ
SINONAUDIER

EOSDICEECCLESIA
AUTEMECCLESIA
NONAUDIERITSI
BISICUTETHNICU
ETPUBLICANUS
AMENDICOUOB
QUAECUMQUE
LIGAUERITISSU
TERRAMERUN
LUTAINCAELO
ITERUMAMEND
COUOBISQUIASI
BUSCONUENERI
SUPERTERRAM
OMNIREQUAM
QUEPETIERINT
ILLISAPATREME
QUIINCAELISEST
BIENIMSUNTDU
UELTRESCO

Math. c. 18
v. 13–20.

St. Gallen, Stiftsbibliothek
Cod. Sang. 1394,
S. 51–88 (S. 66)
Pergament,
16 Fragmentblätter
31 × 22.5 cm (S. 65/66)
Italien, 5. Jahrhundert

Evangelienfragmente aus dem spätantiken Rom

Aus dem alten Buchbestand des Klosters haben sich 25 zusammengehörige Fragmente erhalten, die mit ihrer hochstehenden Unzialschrift des frühen 5. Jahrhunderts ein herausragendes Zeugnis der spätantiken lateinischen Schriftgeschichte darstellen. Sie bilden den Rest eines Evangeliars, dessen Texte in Italien, möglicherweise in Rom, niedergeschrieben wurden. Die Handschrift befand sich in der ersten Hälfte des 8. Jahrhunderts noch in Rom. Dies zeigt ein Eintrag in einer römischen Kurialschrift auf dem erhaltenen Schlussblatt des Codex, mit welchem dieser im 7. Jahrhundert ergänzt worden war.[114]

Von den 25 Fragmenten befinden sich heute 17 in der Stiftsbibliothek St. Gallen. Die restlichen Stücke werden im Stiftsarchiv St. Gallen, in der Vadianischen Sammlung der Ortsbürgergemeinde in der Kantonsbibliothek Vadiana St. Gallen und im Bischöflichen Archiv in Chur aufbewahrt. In diesen Bruchstücken hat sich ein Neuntel der ursprünglichen Handschrift erhalten.[115] Die Fragmente haben überlebt als Material, das bei der Neubindung von Büchern zur Verstärkung von Buch- und Lagenrücken sowie als Vorsatz- und Spiegelblätter verwendet wurde. Die Einbände, in denen sie gefunden wurden, gingen aus einer Neuorganisation der Bibliothek hervor, welche 1461 mit der Erstellung eines neuen Katalogs ihren Abschluss fand.[116] Da nur ein Neuntel des ursprünglichen Codex verwertet wurde, ist anzunehmen, dass sich die Handschrift im 15. Jahrhundert bereits in einem fragmentarischen Zustand befand. Als unvollständiges Buch mit einer schwer lesbaren Schrift muss sie als entbehrlich eingeschätzt worden sein.

Die Reise der Handschrift von Italien ins Galluskloster lässt sich nicht näher beschreiben. Die Blätter enthalten keine Hinweise auf Zwischenhalte oder beteiligte Personen. Es bleibt deshalb unklar, ob der Codex direkt oder vielleicht über die Reichenau nach St. Gallen kam. Wieder sind es allein althochdeutsche Einträge, die es möglich machen, den Zeitpunkt näher zu bestimmen, an dem die Handschrift im Bodenseegebiet und vermutlich in St. Gallen selbst eingetroffen ist. In Schrift und Sprache zeigen sie auf den alemannischen Raum vom Ende des 8. Jahrhunderts und in Richtung Reichenau und St. Gallen.[117]

Die Glossen teilen sich in drei Gruppen, eine Textglossierung zum Matthäusevangelium, eine Wort-für-Wort-Übersetzung eines Satzes im Johannesevangelium und wenige Glossen zu exzerpierten Textwörtern auf dem Schlussblatt. Die Matthäusglossen sind mit Griffel eingeritzt und weisen einen altertümlichen alemannischen Sprachstand auf.[118] Wenn auch keine der drei Glossierungen bis in Otmars Zeit zurückreichen dürfte, vermitteln sie doch einen Eindruck der Volkssprache am Ende seiner Lebenszeit.

Eine Homilienhandschrift aus der Zeit Otmars

St.Gallen, Stiftsbibliothek
Cod. Sang. 194, S. 32
Pergament, 232 Seiten
18 × 12 cm
Spanien/Südfrankreich/
Alemannien, 700/750

Die Textschrift des Cod. Sang. 194 stammt aus der Mitte des 8. Jahrhunderts. Die Sammelhandschrift enthält Predigten und predigtartige Texte von Caesarius von Arles, Isidor von Sevilla und dem heiligen Eligius. Der Codex gewährt einzigartige Einblicke in die Handschriftenbeschaffung im 8. Jahrhundert und wirft gleichzeitig viele Fragen auf.

Die Schrift, in welcher diese Texte aufgezeichnet sind, ist eine vorkarolingische Minuskelschrift. Ein einzelner Schreiber scheint den ganzen Codex geschrieben zu haben. Er zeichnete auch einfache Initialen und führte Überschriften und Satzanfänge in roher Hohlcapitalis aus. Lowe und Bischoff weisen die Schrift einem «Schweizer Schreibort» zu und denken dabei am ehesten an St.Gallen selber.[119] Trifft diese Bestimmung zu, wäre die Niederschrift im Kloster Otmars erfolgt. Allerdings ist es letztlich nicht möglich, die Zuweisung nach St.Gallen zu untermauern. Die Schreiberhand und ihre spezifische Schrift tauchen in der Frühzeit des St.Galler Schreibwesens weder in den Urkunden noch in den ersten St.Galler Handschriften ein weiteres Mal auf. Bei der Einordnung helfen auch die sporadischen Einritzungen auf den Blatträndern nicht weiter. Sie könnten volkssprachig sein, sind aber nicht einwandfrei lesbar.

Das Pergament ist hingegen mit Bestimmtheit nicht sanktgallisch. Der Codex wurde nämlich aus mindestens zwei älteren auswärtigen Handschriften angefertigt. Dazu wurden die Schriften von den Blättern geschabt und jene neu beschrieben. An vielen Stellen sind die älteren Texte noch sichtbar und teilweise auch lesbar geblieben. Sie erlauben es, Alter und Herkunft dieser Handschriften annäherungsweise zu bestimmen. Die eine wiederverwertete Handschrift enthielt Texte aus den Büchern Salomos sowie ein Kürzungsverzeichnis, geschrieben von einer Hand in einer späten Halbunzialschrift um 700 in Spanien oder Südfrankreich. Bei der anderen Handschrift handelt es sich um das Fragment eines Sakramentars, das in der ersten Hälfte des 8. Jahrhunderts an einem unbekannten Ort entstand. Cod. Sang. 194 lehrt uns damit, dass zu Otmars Amtszeit Handschriften von weit her in die heutige Schweiz gebracht wurden, und es erstaunt, wie kurz nach ihrer Entstehung sie hier gleich wieder blankgeschabt und neu beschrieben wurden. Man kann darin einen Hinweis sehen, dass bei dieser Beschaffung das Interesse dem Schreibmaterial galt. Dass man daraus auch schliessen könnte, dass die Texte entfernt wurden, weil sie bereits in Otmars Bibliothek vorhanden waren, ist dagegen zu bezweifeln.

isti quem deus sub fine seculorum redditur
unc ecclesiae predicamus in filiis meis ta
m resurgat; amen. Explicit humilia III.

INCIPIT HUMILIA QUARTA SCI caesari

Dicimus quidem fratres karissimi militiae cui nos
mancipauimus magnam esse in futuro
positam remunerationem; sed si bene re
spiciamus in hoc ipso opere quod gerimus quo
modo etiam in presenti iam partem
regni possedemus; Et plane magnus in
fructus est seculum potuisse dispicere
deo seruire cepisse, euasisse uitiorum
illecebras, simul dominationem effugisse gule
uarique luxoriae fecisse castimoniae seruitutem;
Quid ergo non iam magna pars premii est
nil commune habere cum mundo. nec mo
rerum cupiditatibus non exercitari si
eribus non adnascere et cum innocentia
diem gratias agere; hec ista quae
sperare deo; [illegible] perpetuitatis
sentia cum timore domini possedere.

7

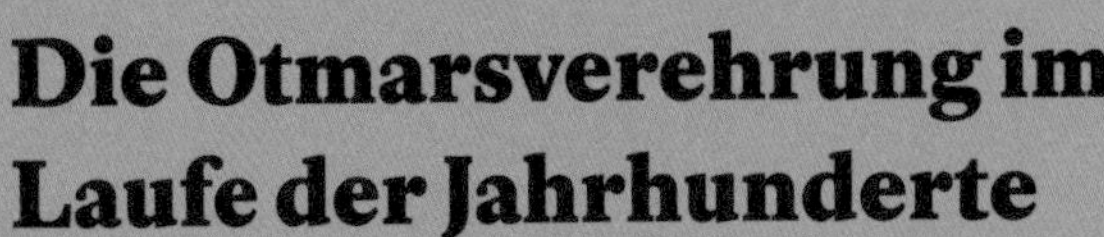

Die Otmarsverehrung im Laufe der Jahrhunderte

Franziska Schnoor

Grundlage für die Verehrung des heiligen Otmar ist seine Vita, deren lateinische Fassung in St. Gallen in mehreren Handschriften des 9. bis 12. Jahrhunderts überliefert ist (Cod. Sang. 562, vgl. S. 24–25; Cod. Sang. 572; Cod. Sang. 560, vgl. S. 52–53; Cod. Sang. 564).

Nachdem der Reichenauer Mönch Walahfrid Strabo seine Bearbeitung der Gallusvita vollendet hatte (833/834), schrieb er auch eine Otmarsvita.[120] Er stützte sich dabei auf Aufzeichnungen, die der St. Galler Mönch Gozbert der Jüngere, Neffe des gleichnamigen Abtes, um 830 niedergeschrieben hatte, die aber nicht mehr erhalten sind. In insgesamt 17 Kapiteln schildert Walahfrid Otmars Leben, seinen Tod und Wunder nach seinem Tod. Auf ein Wunder bei der Rückführung des Leichnams von der Insel Werd nach St. Gallen geht die Ikonographie Otmars zurück, der fast immer mit einem Weinfässchen in der Hand dargestellt ist.

Spätere Ergänzungen zu Walahfrids Otmarsvita stammen vom St. Galler Mönch Iso, einem berühmten Lehrer an der Klosterschule. Er war Augenzeuge der Heiligsprechung Otmars im Jahr 864 und der Überführung seines Leichnams in eine eigene Otmarskirche im Jahr 867.

Diese und weitere Translationen Otmars beschreibt P. Gregor Schnyder in einer Handschrift von 1699 (Cod. Sang. 1719). Der Heilige wurde im Laufe der Jahrhunderte immer wieder umgebettet. Im Jahr 1529 brachten die Mönche den Leichnam vor dem Bildersturm der Refomation in Sicherheit. Von diesem abenteuerlichen Geschehnis berichtet Fridolin Sicher in seiner Chronik (VadSlg Ms. 71).

Otmars Gedächtnis wurde in Messe und Stundengebet gefeiert. Während für einige besonders wichtige Heilige eigene Messgesänge geschrieben wurden, besteht die Messliturgie Otmars aus allgemein gehaltenen Stücken für sogenannte *confessores* («Bekenner») – Personen, die das Leben eines Heiligen führten, aber nicht als Märtyrer starben. Eine persönliche Ausrichtung bekam die Messliturgie für Otmar durch zwei im 10. Jahrhundert gedichtete Sequenzen. Noch stärker auf das Leben des Heiligen bezogen war das Stundengebet am Otmarsfest, für das auf Grundlage der Vita eine ganze *historia* geschrieben und komponiert wurde – eine Zusammenfassung seiner Lebensgeschichte, die die Mönche dann im Verlauf des Tages sangen.

Für diejenigen, die kein Latein verstanden, übersetzte im 15. Jahrhundert ein aus Hersfeld stammender Mönch die Viten der St. Galler Hausheiligen ins Deutsche. In Cod. Sang. 602 sind sie mit zahlreichen Bildern versehen. Auch im Kirchengesang kam schliesslich die deutsche Sprache auf. Ein Beispiel dafür ist das Otmarslied im gedruckten Gesangbuch der Fürstabtei St. Gallen.

Vs gieng haim ze faren. Do
vergab er den maisten tail des
geldes vor der tür des palast
den armen lüten. Aber er
wart kum vō den brüdern des

mit im wärent bezwungen d
er lützel schilling behub mit
Den er darnach koste ain ländl
nach by dem closter gelegen.
Won er was nit vergessend der

St. Gallen, Stiftsbibliothek
Cod. Sang. 602, S. 218
Papier, 522 Seiten
28.5 × 20.5 cm
St. Gallen, Konrad Sailer,
1451–1460

Das Leben Otmars als Bilderbuch auf Deutsch

Diese reich bebilderte Handschrift enthält die Lebensgeschichten der St. Galler Hausheiligen Gallus, Otmar, Wiborada und Magnus in deutscher Sprache.[121] Der aus dem Kloster Hersfeld stammende Reformmönch Friedrich Kölner hatte die Viten um 1430/1436 aus dem Lateinischen ins Deutsche übersetzt. Der St. Galler Stadtbürger Konrad Sailer passte Kölners Übersetzungen dem heimischen Dialekt an und schrieb die Handschrift zwischen 1451 und 1460. Gedacht war die Vitensammlung für die Schwestern der Beginengemeinschaft in St. Georgen oberhalb der Stadt St. Gallen, die dort ein klosterähnliches Leben führten.

Schon an der deutschen Sprache wird deutlich, dass sich dieses Buch an ein ganz anderes Publikum richtet als die lateinischen Fassungen. Unterstrichen wird das durch die aussergewöhnlich reiche Illustrierung: Auch diejenigen, die gar nicht lesen konnten, weder auf Latein noch auf Deutsch, waren in der Lage die Geschichten wie in einem Bilderbuch nachzuvollziehen. Die kolorierten Federzeichnungen stammen vermutlich von zwei oder drei namentlich nicht genannten Künstlern des Bodenseeraums.[122] Sie zeigen die frühmittelalterlichen Heiligen in die Lebenswelt des Spätmittelalters versetzt – in Kleidung, Ausrüstung und Architektur. So zeichnen sie zwar kein historisch genaues Bild von Otmar oder den anderen Heiligen, sind aber als Quellen für den Alltag im 15. Jahrhundert äusserst wertvoll.

Insgesamt 31 Bilder illustrieren die Otmarsvita. Dabei zeigen die meisten Darstellungen Wunder nach Otmars Tod, so wie ja auch die schriftlichen Aufzeichnungen einen deutlichen Schwerpunkt auf die Wunder legen. Es mag erstaunen, dass keine der Federzeichnungen Otmars Fürsorge für die Aussätzigen zeigt, obgleich der Aussatz in der Gallusvita durchaus auch im Bild thematisiert ist – eine der Illustrationen dort stellt die Heilung eines Aussätzigen mit Wachs und Öl vom Gallusgrab dar. Otmar als «Vater für die Armen» ist aber auf der hier abgebildeten Seite zu sehen: Im dazugehörigen dritten Kapitel wird geschildert, wie Otmar von König Pippin (714–768, ab 741 fränkischer Hausmeier, ab 751 fränkischer König) siebzig Pfund Silber erhält, um damit das Kloster zu unterstützen, den grössten Teil aber gleich vor den Toren des Palasts den Armen spendet. Die Mönche, die Otmar begleiten (hier im Hintergrund abgebildet), können ihren Abt nur mit Mühe dazu bewegen, wenigstens einen Teil des Gelds für das Kloster zu behalten. Davon kauft er später ein kleines Stück Land in der Nähe des Klosters.

TRANSLATIO
SANCTI OTHMARI,
ex Insula Stain
ad S. Galli Monrium.

St. Gallen, Stiftsbibliothek
Cod. Sang. 1719, S. 24b
Papier, 765 Seiten
32 × 20.5 cm
Kloster St. Gallen, P. Gregor Schnyder, 1699

Otmar, der «rastlose Heilige» mit dem Weinfässchen

Otmar starb 759 in Gefangenschaft auf der Rheininsel Werd. Dort wurde er auch begraben. Rund zehn Jahre nach seinem Tod brachten die St. Galler Mönche den Leichnam nach St. Gallen zurück. Bei der Überfahrt über den Bodensee trugen sich gemäss der Otmarsvita zwei Wunder zu, die hier in einem Bild gemeinsam dargestellt sind: Obwohl es stürmte und regnete, blieb das Boot vom Unwetter unbehelligt. Sogar die Kerzen neben dem Leichnam brannten die ganze Zeit und wurden nicht vom Wind ausgeblasen.

Als die Ruderer unterwegs eine Pause machten und sich stärken wollten, stellten sie fest, dass nur sehr wenig zu trinken in einer Flasche übrig war. Aber sie erinnerten sich an das biblische Wunder der Speisung der Fünftausend, teilten den kleinen Rest, und auf wundersame Weise hörte das Getränk nicht auf zu fliessen, bis alle genug getrunken hatten. Auf dieses Wunder geht das Weinfässchen als Attribut des heiligen Otmar zurück, auch wenn in der Otmarsvita ursprünglich von einer Flasche die Rede ist.[123]

Die Abbildung steht in einer Handschrift mit Berichten über Translationen auf dem Gebiet der Fürstabtei St. Gallen in der Zeit vom 7. bis ins 17. Jahrhundert. Der St. Galler Mönch und Kustos P. Gregor Schnyder (1642–1708) schrieb sie 1699. Besonders viele Seiten sind Otmar gewidmet, der verschiedentlich umgebettet wurde,[124] zuerst 769 oder 770 von der Insel Werd nach St. Gallen, wo er in der Galluskirche begraben wurde. Als Abt Gozbert im Jahr 830 die Kirche abreissen und ein grosses Münster bauen liess, wurde Otmar vorübergehend in die Peterskirche verlegt. Von dort kehrte er erst 864 in die Klosterkirche zurück. Bei dieser Gelegenheit sprach der Bischof von Konstanz ihn heilig. Als Otmar 867 eine eigene Kirche erhielt, wurden seine Reliquien dorthin gebracht.

Danach hatte Otmar einige Jahrhunderte Ruhe. Um ihn vor der Reformation in Sicherheit zu bringen, transportierten die Mönche seine Reliquien 1529 zunächst nach Wil und dann nach Einsiedeln. 1538 kehrten die Reliquien nach St. Gallen zurück. Ein Jahr später wurden sie erneut feierlich in die Otmarskirche übertragen. Ein lateinisches Epitaph anlässlich dieser Translation lässt Otmar klagen, dass er nie zur Ruhe komme: «Ich Elender ziehe, ach, wie ein Getriebener über den gewaltigen Erdkreis, und es ist mir nicht vergönnt, an einem sicheren Ort zu ruhen», heissen die ersten beiden Zeilen übersetzt.[125] Das ist gegen die Reformierten gemünzt, vor denen Otmar «fliehen» musste. Doch wurde er auch im 17. Jahrhundert noch mehrmals verlegt, meistens im Zusammenhang mit Umbauten der Kirche.

308

Wie man das münster zu S. Gallen gerumpt hat

Im 1529 jar als dann der hoptman gredt hat in der fasten etwan
acht tag vor sant Mathias tag / Bleib dißes münster noch 8 tag
welche so blibt es lenger / und als uff sant Mathias abend kam der b
münster mit sampt allen räten herum an das gotzhus / zu dem Conven
beruchtend in wen ain kreützgang darum / dann si woltend gemal d
gwalt der götzen oder bilder hinweg thon / das wolt der Convent ni
ober das furend si dry / und zerschlugend mit der gemaind so si daz
ordnet hattend tafflen bilder / welche uff stund ob 16000 fl wert

Von sant Othmar wie er funden worden ist

Und als man also altar tafflen und anders als zerschlug / do komend
sant Othmars altar welcher dann in windich hol was / in welchem
ain lerer ledren kom stund / das nun der [illegible] fied bracht
dann die münch für geben hattend wie sant Othmar da lib haftig
das aber durch den lerer ledren kom erlogen sin si ain zaigten / Aber
zucht als dann alle welt us dem münster heim was gangen / do
der Convent och us verwunderen herab in das münster och scheren
es doch zu gangen were und wie si nun alle gefürt zu sant Othmar
ain sarch im grab under S. Othmars altar gewarhaitet / welche
sarch si uff brachend fundent also der ainen stainninen sarch in wel
si den gantzen lichnam us genomen und hus [illegible] S. Othmars /
allain das hopt fundent ligen / glich als gantz als ob er nun /
der gelegen were / was fied und wider holens nit [illegible] / da
kam und wasch mit wol us schriben Als namend die heilgen li
S. Othmar / mit sampt dem stainninen sarch / trugend in ain ain
ort / damit er denen vo sant Gallen nit wurd und behaltend
noch wand der groß fred / und trunckend und assend uff der höll
mal / was och inen glich als ob die sach halb oder gantz nun heim
were /

Wie man nun witer im münster hus gehalten hat

Danach wendendt si zerat und brachend den schneggen gantz ab
das der Chor und das münster oben ains was / und do namend
gstül so werdent im chor / und oben uff dem schneggen was herab
satzendt allenthalb herumb Derglich wo man gstül in der Capel
Es wie by sant Jacob / by sant Katherina dem spital / und
Wyborath kilchen / sant [illegible] kilchen / oben allenthalben fürt mans her
in das münster / und stalt mans also nach aller komlichait herum
Und als machtend si den predigstul ain der großen schneggen
dann zwüschen dem chor und dem [illegible] münster ist / darumb
der predicanten allenthalben im münster mocht hören / hand
das gantz münster lassen wißen / band legenden namlich S. Ga
ain der siten gegen dem kilchhoff / und S. Othmars an der an
siten / mit sampt allen schilten / so dann [illegible] lassen vo ainer

St.Gallen, Kantonsbibliothek Vadiana Vadianische Sammlung der Ortsbürgergemeinde, Ms. 71, S. 237–352 (S. 308) Papier, 440 Seiten 30–34.5 × 20,5–23.5 cm Bischofszell, Fridolin Sicher, um 1530

Otmars Haupt ist verschwunden! Die Otmarsreliquien in der Chronik von Fridolin Sicher

Der gebürtige Bischofszeller Fridolin Sicher (1490–1546) war von 1516 bis 1529 Organist an der St.Galler Klosterkirche. Er betätigte sich auch als Schreiber für die Klosterbibliothek. Heute sind in der Stiftsbibliothek 13 von Sicher hergestellte Handschriften erhalten, darunter eine Orgeltabulatur und eine mehrbändige Ordnung für das Stundengebet.

Fridolin Sicher verfasste ausserdem eine Chronik.[126] Sie besteht aus drei Teilen und umfasst die Jahre 1427 bis 1531. Für die ersten beiden Teile zog er ältere Chroniken heran, nämlich die sogenannte Klingenberger Chronik des Rapperswiler Stadtschreibers Eberhard Wuest und eine 1515 in Augsburg gedruckte Chronik des Toggenburger Autors Heinrich Forrer von Lichtensteig. Der dritte Teil behandelt Sichers eigene Zeit. Hier schreibt er teilweise als Augenzeuge, teilweise berichtet er auch über Geschehnisse in fernen Ländern, von denen er erfahren hatte.

Viel Raum nehmen die konfessionellen Auseinandersetzungen in der Schweiz ein. Sicher erlebte im Jahr 1529 die Reformation in St.Gallen aus nächster Nähe mit. So berichtet er etwa über den Bildersturm in der St.Galler Klosterkirche. In diesem Zusammenhang erwähnt er auch, was mit den Otmarsreliquien geschah: Die Reformierten zerstörten alle Altäre im Münster und den umliegenden Kirchen und Kapellen, auch den Otmarsaltar. Er war innen hohl und enthielt einen leeren Sarg.[127] Das freute die Reformierten, denn es bewies ihrer Meinung nach, dass die Mönche des Klosters gelogen hatten, als sie meinten, Otmar läge leibhaftig in dem ihm geweihten Altar.

Am Abend begab sich der ganze Konvent ins Münster, um zu sehen, was dort am Tag passiert war. Im Gewölbe unter dem Otmarsaltar fanden die Mönche einen steinernen Sarg, und als sie ihn öffneten, entdeckten sie dort den ganzen Leichnam Otmars – nur der Kopf fehlte. Voller Freude nahmen die Mönche ihn an sich und brachten ihn an einen Ort, wo er vor den Reformierten in Sicherheit war.

Sicher wusste wahrscheinlich nicht, warum das Haupt Otmars fehlte, auf jeden Fall schreibt er nichts weiter darüber. Und auch die Mönche wussten wohl nicht mehr, dass der böhmische König Karl IV. im Jahr 1353 in St.Gallen gewesen war und neben anderen Reliquien auch das Haupt Otmars mitgenommen hatte (vgl. S. 105).

Otmar im Stundengebet und das Innere der Otmarskirche

St. Gallen, Stiftsbibliothek
Cod. Sang. 1452B, S. 61
Pergament, 80 Seiten
36.5 × 27.5 cm
Kloster St. Gallen, P. Gabriel Hecht, 1691

Einmal in der Nacht und siebenmal im Laufe des Tages versammelten sich die Mönche am Otmarstag (16. November) zum Stundengebet, um das Gedächtnis des Heiligen zu feiern. Dabei wurde in Antiphonen und Responsorien seine Lebensgeschichte gesungen.

Ein kleiner Ausschnitt des Stundengebets findet sich im sogenannten Pontifikalvesperale von Fürstabt Cölestin Sfondrati (Abt 1687–1696). Er entstammte einer in kirchlichen Kreisen sehr einflussreichen Familie – ein Grossonkel von ihm, Niccolò Sfondrati, war sogar als Gregor XIV. ein Jahr lang Papst gewesen (1590–1591) – und er war der einzige Abt des Klosters St. Gallen, der zum Kardinal gewählt wurde. Zudem erhielt er bei der Papstwahl 1691 selbst drei Stimmen.[128]

Sein Vesperale enthält die Gesänge für das Abendgebet der Mönche, die Vesper. Allerdings sind sie nicht vollständig ausgeschrieben. Nur die Anfänge, die der Abt sang, bevor die Mönchsgemeinschaft einstimmte, sind mit Text und Melodie in Hufnagelnotation notiert. Die auf der Seite abgebildeten Antiphonen handeln von den wichtigsten Ereignissen rund um den Tod, das Begräbnis und die Translation Otmars. Sie beschreiben in knappen Worten, dass er von den «Tyrannen» Warin und Ruthard auf einer Insel im Rhein festgehalten wurde und dort im Glauben an Christus starb, dass sein Leichnam dort zehn Jahre lang erhalten blieb, ohne zu verwesen, und dass seine Mönche nach zehn Jahren beschlossen, den Leichnam nach St. Gallen zu bringen.

Die Zeichnungen, die jedes Fest am Rand illustrieren, schuf mit grosser Wahrscheinlichkeit der künstlerisch begabte Mönch Gabriel Hecht (1664–1745).[129] In der grossen Initiale B, mit der die erste Antiphon beginnt, ist das Weinfässchen Otmars dargestellt, ein Hinweis auf das Wunder während der Translation des Leichnams über den Bodensee (vgl. S. 75). Die Jahreszahl 1691 im Weinfässchen erlaubt es, die Handschrift zu datieren. Am Rand schwebt Otmar in den Wolken. Er hält den Abtsstab und einen Teller mit Hostien sowie einen Palmwedel. Neben ihm steht wieder das Weinfässchen.

Unterhalb der Figur Otmars ist die Otmarskirche von innen zu sehen, so wie sie nach dem Umbau 1623–1628 aussah.[130] Dies ist die einzige Abbildung, die einen Eindruck von der Innenausstattung dieser heute nicht mehr existierenden Kirche gibt: Das Langhaus war dreischiffig und hatte ein mit Stuck ausgeziertes, von Säulen in dunklem Marmor oder Marmorimitat gestütztes Kreuzgewölbe. An den Wänden hingen grosse gerahmte Bilder.

Festa Novembris. 61.
A Ve te so litu dinis.
Ad Mgt. E Xultet. In 2. Vesp. ad Mgt.
I N regene ratio ne.
Die 16. Novembris.
IN FESTO S. OTHMARI
Ad Vesp. Aña.
B Ea tus Othmar9
Ab bas. Aña.
S epult9 ergô. Aña.
P ost decem verò an nos. Aña.

Sequenzen auf den heiligen Otmar

St.Gallen, Stiftsbibliothek
Cod. Sang. 380, S. 229
Pergament, 390 Seiten
17.8 × 9 cm
Kloster St.Gallen,
um 1050–1060

Die Messgesänge für Otmar feiern ihn nur allgemein als «Bekenner», also als Vertreter einer bestimmten Klasse von Heiligen. Es gab aber in der mittelalterlichen Messliturgie trotzdem einen Ort, an dem auch im Gesang Otmars individuelle Verdienste gefeiert werden konnten. Nach dem Alleluia, vor der Evangelienlesung, wurde eine Sequenz gesungen. Diese Gattung der liturgischen Musik war eine Schöpfung des Frühmittelalters, die der St.Galler Mönch Notker Balbulus († 912) massgeblich geprägt hat.[131]

Sequenzen sind Dichtungen auf bereits vorhandene Melodien, bei denen jeder Ton der Melodie mit genau einer Silbe unterlegt wird. In den mittelalterlichen Handschriften ist die Melodie nicht, wie sonst üblich, über dem Text notiert, sondern am Rand. So lässt sich der Melodieverlauf besser nachvollziehen.

Für das Otmarsfest gab es im Mittelalter zwei Sequenzen.[132] Die kürzere, von der auf der abgebildeten Seite der Anfang zu lesen ist, findet sich auch schon in der ältesten St.Galler Handschrift mit Sequenzen aus der Zeit um 930 (Cod. Sang. 381).[133] Sie ist recht allgemein gehalten: Mutter Schwaben soll ihren heiligen Sohn Otmar besingen, der wie ein heller Stern erstrahlt. Er gehorchte den Geboten Christi und diente den Geringsten unter seinen Brüdern. Nun, nach seinem Tod, erweist sich seine Heiligkeit in den Wundern, die er bewirkt. Die versammelte Mönchsgemeinde soll ihn um Fürsprache bei Gott bitten.

In den Handschriften des 11. Jahrhunderts steht neben dieser Sequenz noch eine zweite, wesentlich längere. In der neuen Sequenz wechseln sich Aufforderungen zum Lobpreis Otmars mit erzählerischen Passagen ab, die wichtige Stationen seines Lebens beleuchten. Zum ersten Mal wird hier auch in einem liturgischen Kontext erwähnt, dass unter Otmar die Benediktsregel für das Klosterleben in St.Gallen verbindlich wurde:

Hic igitur Otmarus spiritu sancto plenus / in scottigenę Galli cella verendi / Coenobialis vitę tradidit instituta / Benedictus ut castro fecit Cassino («Otmar, erfüllt vom Heiligen Geist, führte in der Zelle des verehrungswürdigen Iren Gallus die Vorschriften für ein Klosterleben ein, so wie es Benedikt in Montecassino getan hatte»).

Bemerkenswert ist auch, wie der namentlich nicht bekannte Sequenzendichter Otmar in einen überregionalen Zusammenhang stellt: Otmar stammte aus Schwaben, wurde in Rätien ausgebildet, leitete das auf den Iren Gallus zurückgehende Kloster und führte die aus Montecassino in Italien stammende Benediktsregel ein.

Vel quicquid ad veram vitã

PERTINET.

Igitur te cuncti poscimus

O martine ut qui multa mira

Hic ostendisti

Etiam de celo gratiam xp̄i

Nobis supplicatu tuo

Semper infundas

DE S. OTMARO CONF.

METENSIS MINOR

LAUDE DIGNUM.

Sc̄m canat otmarũ

Suevia mater.

Talis nati ꝓfectu gratu

lans sem per.

Hic velut sydus eximium

Placuit deo.

Inter fraternas caligines

Rutilans micat.

Hic iuv xp̄i preceptis.

Das Otmarslied im gedruckten St.Galler Gesangbuch

Catholisches Gesang-Buochlein ..., St.Gallen: Klosterdruckerei, 1730 St.Gallen, Stiftsbibliothek Band 13'028, S. 158–159 und 146–147

Das liturgische Gedächtnis Otmars wurde zur Barockzeit auch in deutscher Sprache gefeiert. Für die Gläubigen auf dem Gebiet der Fürstabtei erschien in vier Auflagen zwischen 1689 und 1762[134] ein kleines Gesangbuch mit dem hier stark abgekürzt wiedergegebenen Titel *Catholisch Gesang-Buochlein / Darinnen Allerhand schöne Geistliche Gesänger zu finden.*

Selbstverständlich werden die St.Galler Hausheiligen in diesem Gesangbuch besonders gefeiert. Auf Gallus folgt, der Reihenfolge der Todestage im Kirchenjahr entsprechend, Otmar. Mit 26 Strophen zu je vier Versen ist das Otmarslied sogar zwei Verse länger als das Galluslied. Es bietet eine Zusammenfassung der Lebensgeschichte, von Otmars Ausbildung in Chur bis zu den Wundern bei der Translation von der Rheininsel Werd nach St.Gallen. Das Lied fügt sogar noch einige Informationen hinzu, die bei Walahfrid nicht zu finden sind. So soll etwa Otmars Abstammung «von Hoch-Adelichem Blut» gewesen sein. Zwei Strophen besingen Otmars Mildtätigkeit gegenüber den Armen und Aussätzigen:

Sich erbarmen über d'Armen / Thate er von Hertzen sehr, /
Pflegte ihnen als den Seinen, / Wusche ihnen ihre G'schwer. //
Auch bißweilen deren vilen / Theilt er seine Kleyder auß, /
Wie auch darzu für ihre Ruh / Baut er ein gemeines Hauß.

Die Gläubigen, die das Lied sangen, mussten die Melodie fast auswendig können, wollten sie nicht ständig zwischen Text und Melodie hin und her blättern. Die Melodien der Lieder sind im Gesangbuch nämlich in einem gesonderten Teil abgedruckt, jeweils nur mit dem Text der ersten Strophe unterlegt. Doch dürfte das keine grossen Schwierigkeiten bereitet haben: Die Melodie ist so eingängig, dass spätestens bei der sechsundzwanzigsten Strophe wohl auch das letzte Gemeindemitglied mitsingen konnte.

Das Gesangbüchlein ist auch aus druckgeschichtlicher Sicht interessant. Wenn man genau hinschaut, kann man erkennen, dass die Notenlinien nicht durchgezogen sind. Vielmehr setzen sie sich aus vielen schmalen Stücken zusammen. Jeweils eine Note bildete zusammen mit den sie umgebenden Linien eine Letter. Das Druckverfahren beruhte auf einer von Pierre Attaignant entwickelten und 1527 erstmals verwendeten Methode und erlaubte es, Notenlinien und Noten in einem Durchgang zu drucken.[135] Diese Form des Typendrucks stiess allerdings bei komplexeren Musikstücken an seine Grenzen, da praktisch jede Tonhöhe in jeder möglichen Länge eine eigene Letter benötigte.

3. Sein Herkommen hat er g'nommen/
Von Hoch-Adelichem Blut/
War doch bereit zu aller Zeit/
Z'dienen nur dem Höchsten Guth.

4. Im Püntner-Land/ zu Cur genandt/
Ist er g'weßt ein Seelen-Hirt/
Vertratt sein Ambt/ daß allesambt/
Zu ihm g'habt ein groß Begierd.

5. Nach Sanct Gallen hat gefallen/
GOtt dem Allerhöchsten wohl/
Daß diß Orth mit Werck und Wort/
Er als Abbt versehen soll.

6. Unvergleichlich wol und leichtlich/
Die Abbtey regieret er/
Führt darneben s'Kloster-Leben/
Nach Sanct Benedicti Lehr.

7. Hoch erhoben/ und geloben/
War er zwar von jederman/
Doch gantz/ gütig und demüthig/
Ware diser Heilig Mann.

8. Sich erbarmen über d'Armen/
Thate er von Hertzen sehr/
Pflegte ihnen als den Seinen/
Wusche ihnen ihre G'schwer.

9. Auch

9. Auch bißweilen deren vilen/
Theilt er seine Kleyder auß/
Wie auch darzu für ihre Ruh/
Baut er ein gemeines Hauß.

10. Mit Leibs-straffen/ wenig Schlaffen/
Betten/ Seufftzen/ Tag und Nacht
Immer fastend/ niemal rastend/
Er sein Leben zugebracht.

11. Insonderheit an Reinigkeit/
Einem Engel er wol gleicht/
Mit Verfechten s'Gottshauß Rechten/
Hat er sein Abbtey bereicht.

12. Dessentwegen sehr ang'legen/
War die Sach dem Höllisch Hund/
Durch das Lügen und Betrügen/
Solt Othmarus gehen zu Grund.

13. Zween verruchte und versuchte/
Land-Vögt werden angemahnt/
Durch ihr Tauben/ und ihr Rauben/
Ihn zu treiben auß dem Land.

14. Heldenmüthig/ jedoch gütig/
Sanct Othmar sich widersetzt/
Sie Rach-vollen/ Neyd und Grollen/
Wurden wider ihn verhetzt.

15. Drum

Walahfrid Strabo, Das Leben des heiligen Abtes Otmar

Übersetzung Johannes Duft[136]

Vorwort des Walahfrid Strabo

Abgeschlossen sind die beiden Büchlein, die wir über das Leben und die Wunder des seligen Bekenners Gallus gemäss der Glaubwürdigkeit, die mündlich oder schriftlich auf uns gekommen ist, eher wahr als schön verfasst haben. Nach Euerm Willen, ehrwürdigste Brüder, die Ihr im Kloster desselben heiligen Vaters lebt und durch die Rührigkeit Eures heiligen Vorsatzes ein Muster des Feuereifers, den er in göttlichen Dingen besass, darbietet, soll nun jener Bericht beigefügt werden, welcher über des heiligen Vaters Otmar Bestrebungen und die durch seine Verdienste erwiesenen Wunderzeichen dank Eurer Versicherung und Sorgfalt wahrheitsgetreu niedergeschrieben worden ist. Nachdem dieser Bericht in voller Wahrheit und klarer Ordnung vorliegt, wurde er von uns nur deshalb wiederholt, weil es der teuerste Bruder Gozbert, dessen Liebe wir nichts abschlagen wollen oder dürfen, verlangt und sogar befohlen hat; ihn ertrugen wir auch bei dieser Beschäftigung als unaufhörlich drängenden «Verfolger», allerdings ohne Widerwillen und sogar fröhlich. So möge nun dem gläubigen Leser diese unsere Kurzfassung genügen. Sollte aber einer ungläubig sein, wird er sich beim Nachblättern jener Aufzeichnung, der wir folgen, wegen der vielfachen Übereinstimmung der Zeugen rasch zum Glauben wenden, sofern er dankbar ist.

Nach wegen berieff er si baide
und tröwete in dz sy gantzlich
müsten siner gnaden mangklen
wer es sach dz sy nit/ unverzug=
lich wider geben den kilchen
gottes dz sy mit unrecht hetten
genomen Aber do sy ze land
kämen vergift mit dem laster/

Des zukens an mit tierlichen
grimkait gezaiget/ Do veracht
etent sy der haissung Und och
den göttlichen man Othmarn
Als er von der selben sach
wegen Zem andren mal
wolt gän zu dem fürsten
Do schiktent sy im ritter

Bilder zum Leben Otmars. Kolorierte Federzeichnungen aus Cod. Sang. 602 (vgl. S. 73).

Otmars Beschwerde vor Pippin über die Anmassung der Gaugrafen Warin und Ruthard.
St. Gallen, Stiftsbibliothek, Cod. Sang. 602, S. 220

Wie der Gottesmann Otmar auf Grund seines heiligen Lebenswandels der Gallus-Zelle vorgesetzt wurde und dort mit königlicher Ermächtigung die klösterliche Lebensweise einrichtete.

Otmar also, aus dem Volksstamm der Alemannen gebürtig, wurde im Knabenalter von seinem Bruder nach Chur in Rätien gebracht. Nachdem er dort während langer Zeit im Dienste Viktors, des Grafen jener Gegenden, gestanden und in wissenschaftlichen Kenntnissen hervorragend war, bestieg er, der Anhänger der Tugenden und Träger löblicher Sitten, die Stufe des Priestertums. Vom obgenannten Grafen wohlwollend zurückbehalten, wurde er einer gewissen Titelkirche des heiligen Bekenners Florin vorgesetzt. Die Redlichkeit seines Charakters und die Lauterkeit seines Lebenswandels kamen gar vielen weit und breit in freundlichem Gerede zu Gehör. Deshalb erwirkte ein gewisser Waltram, der die weite Einöde, in welcher der heilige Gallus seine Zelle erbaut hatte, als Erbgut von seinen Eltern her in Anspruch nahm, vom erwähnten Viktor ebendiesen Otmar als Vorsteher für jene Zelle. Und wie er seinen Wunsch erfüllt sah, vertraute er ihm die Zelle samt allem Zubehör feierlich an. Um aber die Tauglichkeit seines Unternehmens noch zu festigen, begab er sich zum König Pippin, stellte ihm jenen Abt vor und übertrug den Ort, wo er ihn schon vorher zum Vorsteher eingesetzt hatte, kraft seines Besitzrechtes dem Fürsten, wobei er eindringlichst forderte, dass Otmar jener Stätte mit königlicher Ermächtigung uneingeschränkt als Abt vorgesetzt werde. Der besagte Fürst gewährte seinem Gesuch die Genehmigung, vertraute den ihm übertragenen Ort dem ehrwürdigen Manne an und hiess ihn dort das reguläre Klosterleben einführen. Zurückgekehrt bewies jener gleich von Anfang an den Eifer eines guten Klostervorstehers: Er baute nach allen Seiten Wohnungen, die sich für Mönche eigneten, und gestaltete die Verfassung des geheiligten Ortes auf das eifrigste für die Bedürfnisse des Gottesdienstes um. Zudem bewegte er durch seine Güte alle Gottesfürchtigen so sehr zum Drang nach Frömmigkeit, dass er dank den Schenkungen etlicher die Besitzungen seines Klosters sehr erweiterte und die zahlreichen Brüder, die er innerhalb weniger Jahre zum Dienst des gottgeweihten Lebens herangezogen hatte, unter seiner Lehre und Fürsorge bestens leitete.

Wie er durch die Vollkommenheit eines heiligen Lebenswandels glänzte.

Verhaftung Otmars durch gepanzerte Krieger. St. Gallen, Stiftsbibliothek, Cod. Sang. 602, S. 221

Nach dem, was hier vorausgeschickt worden ist, sei gestattet, zusammenfassend die Heiligkeit seines Lebens zu streifen, damit allen ausdrücklich klar werde, auf welchen Stufen der Vervollkommnung er zu diesem Ruhm emporgeführt wurde. Er war schliesslich ein ausserordentlicher Freund der Einfachheit, der seinen Leib durch häufiges Fasten so kasteite, dass er an den wichtigsten Fasttagen die Enthaltsamkeit öfters noch gewohnheitsmässig zwei Tage weiterführte. Mit solchen Schilden gegen die Wurfspiesse der Versuchungen gewappnet, liebte er Nachtwachen und hielt in beharrlichem Gebet die Geister der Bosheit fern. Weil er aber mit der Gnade äusserster Demut besonders ausgestattet war, schätzte er die freiwillige Armut so sehr, dass er irdischen Ruhm auf jegliche Weise floh. Er besass auch die Gewohnheit, auf dem sanften Rücken eines billigen Eselchens zu reiten, wenn es für den Nutzen des Klosters notwendig war, sich irgendwohin zu begeben. Überdies bewegte ihn eine solche Besorgnis für die Armen, dass er bestrebt war, ihre Pflege eher persönlich als durch andere auszuüben. In jenem Werk der Barmherzigkeit, das Almosen heisst, kam ihm tatsächlich kaum ein zweiter gleich. Er errichtete nämlich für die Aufnahme der Aussätzigen, die sich von den Mitmenschen trennen und abgesondert leben mussten, ein kleines Spital nicht weit weg vom Kloster, jedoch ausserhalb jener Wohnstätten, in welchen die andern Armen aufgenommen wurden. Und er schenkte ihnen auf jede nur mögliche Weise seine persönliche Pflege so eifrig, dass er das Kloster selbst in nächtlichen Stunden öfters verliess, um für ihre Krankheit mit einer bewundernswerten Hingabe an Aufopferung zu sorgen. Er wusch ihnen beispielsweise die Köpfe und die Füsse, säuberte eigenhändig ihre eitrigen Wunden und verschaffte ihnen die notwendige Kost, wobei er im Geist stets jenes Urteil erwog, das der gerechte Richter den Barmherzigen vorbehalten wird, wenn er sagt: «Was ihr einem dieser meiner geringsten Brüder getan habt, habt ihr mir getan.» Deshalb geschah es, dass er, hochverehrt von allen, die ihn kannten, meistens Armenvater genannt wurde. So völlig war er vom Drang nach Barmherzigkeit besessen, dass er, wenn er einen Armen hilflos in verletzender Nacktheit sah, gewöhnlich sein eigenes Gewand auszog und damit die Glieder des Unglücklichen bedeckte, weshalb er mitunter ohne Tunika, nur mit der Kappa angetan, zum Kloster zurückkehrte. Denn er wollte lieber durch Verachtung gegenwärtigen Prunkes zum Kleid ewiger Unvergänglichkeit gelangen als durch Unterlassung eines guten Werkes die Schande zukünftiger Nacktheit erleiden.

haimlich mäch Dz sy jn mit
banden viengen vnd mit ge
walt wider brächten Vnd richte
ainem der sinen brüdern zü
gezalt was mit der profession
oder gelobden Aber mit mit
der hailikait des lebens D hiess
Lampertus Dz er im an laite
Mit ain valtscher stiftunct Dz last
der vnkünsthait Dz tätten sy
darumb vff dz so sin hailikait
mit semlichen argwonungen ge=
lund wird Dz sy den ain vr=
sach finden jn ab ze setze Von
welcher sach wegen vil die con=
wissent wären so trugslicher

272

Värnusse wurdent berüfft zu
dem Concily oder zu dem vät
Hierumb der erwirdige man vo
künsthait gantz grossoltig von
zitikait des lebens von der site
Der ward entunden in dz Concilin
gesagt von im sin verklagung

Do wart lampertus der
diener der falschhait vor in
allen geantwurtet Und als
er urlob genam ze reden do
verhaff der reder der valsch
hait der wärhait Und sach
er wiste ain frowen die von

Otmar vor dem Gericht. St. Gallen, Stiftsbibliothek, Cod. Sang. 602, S. 222

Wie gross seine Barmherzigkeit mit den Armen war.
Als er einst zu König Pippin kam, wurde er ehrenvoll aufgenommen. Und nebst andern grosszügigen Wohltaten zur Linderung der Bedürfnisse seiner Brüder erhielt er siebzig Pfund Silber. Doch sobald er sich auf den Heimweg begab, spendete er den grössten Teil jenes Geldes vor den Toren des Palastes den Armen. Einige wenige Münzen behielt er zurück – die Brüder, die ihn begleiteten, konnten ihn nur mit Mühe dazu bewegen –, und hievon kaufte er bald darauf ein dem Kloster benachbartes Grundstück hinzu. Denn eingedenk der Gebote des Herrn war er seinetwegen nicht auf den morgigen Tag bedacht, wohl wissend, dass sich ein Mönch in Kost und Kleid bescheiden müsse. Und deshalb erkor er für sich und die Seinen lieber die Armut als den überflüssigen Besitz vergänglicher Dinge, der auf hochgemute Gesinnung doch nur belastend wirkt.

Amer vo sinen brüdern Der gspist
des nachtes ze komen Vn bracht
im die ergezung der spise Als

Darnach Bobertus ain ge=
waltiger man Als der vo den
bösen fürsten erwarb dz man
im den göttlichen man enpfalch
Do satzt er in in ain insel
des rins Mit dem name Stam
by sinem fürwerck Do bekom=
ret sich nun der hailig vatter

mit gaistlicher übung mit
betten und vasten vn diente
gott Dem herren so vil ledi
klicher So vil er erledget w
vo menschlicher ordnung oder
suchung und weltlichen sorge
Mit disen vn der glich werk
der werk des an dächtes was

Ein Getreuer bringt Otmar Nahrung zum Gefängnis von Bodman.
St. Gallen, Stiftsbibliothek, Cod. Sang. 602, S. 224

Wie ihm von einigen Bösewichten wegen seines glühenden Eifers für die Gerechtigkeit viel Unrecht zugefügt wurde.
Als nun der Herr bereits beschlossen hatte, seine Verdienste würdig zu belohnen, beeilte sich der schlaue Feind alles Guten – er war neidisch auf seine Guttaten und ärgerlich, weil durch sein Beispiel das Leben anderer Fortschritte machte –, die Ruhe zu stören, die er, wenn auch mit nicht geringer Anstrengung, im Dienste Christi besass. Aber trotz den Windstössen zeitweiliger Anstürme blieb die Zeder des Paradieses ungebrochen, da ihre Wurzel am Fels der Wahrheit haftete. Warin und Ruthard nämlich, die damals die Verwaltung von ganz Alemannien besorgten, waren auf des Teufels Anstiftung mit der höchst ungeheuerlichen Krankheit der Habgier befallen und zogen das Vermögen der in ihrem Machtbereich gelegenen Kirchen zum grossen Teil gewaltsam in die Herrschaft ihres persönlichen Eigentums. Als sie mit solch ungestümer Frechheit vieles von den Gütern des Gallus-Klosters für sich in Anspruch genommen hatten, wandte sich der Gottesmann Otmar, der zwar nicht nach irdischem Besitztum lechzte, jedoch bei einbrechendem Mangel den Rückgang der klösterlichen Lebensweise an jener Stätte befürchtete, an König Pippin, stellte ihm deren tyrannische Anmassung vor Augen und bezeugte gleichzeitig, er selber würde ein schweres Verbrechen begehen, wenn er ihre Taten durch seine Billigung begünstigte. Der wohlwollende Fürst belangte die beiden in dieser Rechtssache und drohte ihnen, sie würden seine Gunst in jeder Beziehung verlieren, wenn sie nicht den Kirchen Gottes das ungerecht Entrissene ohne Verzug zurückerstatteten. Wie aber jene heimkehrten, verachteten sie, vom Laster der Raubgier angesteckt und in tierischer Grausamkeit verwildert, den königlichen Befehl. Sie liessen sogar den Gottesmann Otmar, als er sich in der gleichen Sache wiederum zum König begeben wollte, durch heimlich nachgeschickte Soldaten in Fesseln werfen und gewaltsam zurückführen. Und zudem überredeten sie einen gewissen Lantpert, der durch das Klostergelübde – nicht aber durch die Heiligkeit des Lebenswandels – zu seinen Brüdern zählte, dass er ihm in lügnerischer Machenschaft ein Sittlichkeitsvergehen nachsage, wobei sie beabsichtigten, eine Gelegenheit zu seiner Absetzung zu finden, wenn seine Sittenreinheit durch derartige Verdächtigungen in üblen Ruf gebracht werde. Zu diesem Zweck wurden zahlreiche, welche in die so arglistige Interessengemeinschaft nicht eingeweiht waren, zu einer Volksversammlung aufgeboten.

Wie er bei der lügnerischen Bezichtigung eines Verbrechens Mass hielt und wie sein Ankläger bestraft wurde.

So wurde nun der Mann, verehrungswürdig in Keuschheit, unbescholten in seinem Lebenswandel und hochbejahrt in seiner Charakterreife, mitten in die Versammlung gebracht und zu seiner Anklage der Lügenknecht Lantpert allen vorgestellt. Nachdem dieser wahrheitsvergessene Verfechter der Falschheit die Erlaubnis zum Sprechen erhalten hatte, sagte er, er kenne eine gewisse Frau, die vom frommen Mann zur Notzucht missbraucht worden sei. Auf diese Bezichtigung soll er überhaupt keine Antwort gegeben haben. Wie er aber von den meisten gedrängt wurde, auf die Vorwürfe zu antworten, bestand seine ganze Rede in diesem Ausspruch: «Ich gestehe, zwar in vielem übermässig gesündigt zu haben; doch gegen den Vorwurf dieses Vergehens rufe ich Gott, der mein Geheimstes sieht, zum Zeugen an.» Wie ihn aber jene eifriger bedrängten, sich über die Ablehnung dieser Tat zu rechtfertigen, verharrte er schweigend in furchtloser Gesinnung und freiem Gewissen. Und weil er erkannte, dass auf seiten der Richter die Geneigtheit zur Anklage offenkundig war, zog er vor, durch Ehrlichkeit seiner Gesinnung dem göttlichen Gericht als durch Zurückweisung der Schuld dem menschlichen Gericht zu gefallen. – Deshalb packte alsbald die göttliche Rache den Lantpert, auf dass allen einleuchtete, Otmars Reinheit sei fälschlich angeschuldigt worden. Denn fiebrige Erschütterungen durchwühlten ihn, die Lebenskraft der Glieder erschlaffte nach und nach, und er wurde allmählich zum Krüppel. Und wie so alle seine Glieder die Geradheit oder die natürliche Form einbüssten und sein Kopf nach Art der Vierfüsser zur Erde geneigt war, gestand er jederzeit nicht nur durch die Verbildung seiner furchterregenden Gestalt, sondern auch mit lauter Stimme, dass er gegen den Heiligen Gottes gesündigt habe.

Einsargung Otmars auf der Insel Werd.
St. Gallen, Stiftsbibliothek, Cod. Sang. 602, S. 225

er an ligen Als er vollbrächt
hatt mit vil vil des gutes
Do gieng er vss disen angste
zu der braite der himelschē fröd
xvj kalendas decembriu Vnd

sin lichnam ward in der selben
insel vergraben vnd blaib da
selbs vil tag on zerstörung

Nü als sich verloffen hatten näch
siner verschaidung zehen jär
Do wurden sin brüder verman-
et durch ain gesicht / vo got dem
herren dz sy den lichnam des liebē
vatters zü dem closter wider fürte

Als nu der rät des göttlichen
willens offenbär ward Do
kament ainliff uss den brüdern
des nachtes zü der statt da
der röb des hailigen mañes behalten waz von als sy dz grab

Uf tätent Do fundent sy s
lip unversert / vo aller zerstörung / Usgenomen dz hind
leste tail ains füsses den das
wasser wüsth allain die var
geendret hatt und ward al

sleker gesechen Und mit
gnäch himlischen wunder
wärent ussbenomen
zaichen siner hailikait / d
lip also funden ward un
von der zerstörung / Als

Auffindung des unversehrten Leichnams durch die Mönche nach zehn Jahren. St. Gallen, Stiftsbibliothek, Cod. Sang. 602, S. 226

Wie er hinter den festen Riegeln der Gefangenschaft sein Leben endete.

Nachdem die ungerecht begonnene Gerichtsversammlung noch ungerechter geschlossen war, wurde der Gottesmann Otmar in der Königspfalz beim Landgut Bodman eingekerkert. Weil keinem gestattet wurde, dieselbe zu betreten oder mit ihm zu sprechen, verbrachte er einige Tage ohne die Stütze körperlicher Nahrung. Als er so in langwieriger Misshandlung Hunger litt, pflegte Perahtgoz, einer seiner Klosterbrüder, nachts herbeizukommen und ihm mit Nahrung beizustehen. Bald darauf erwirkte aber ein gewisser Gozbert, ein einflussreicher Mann, von den ungerechten Fürsten, dass ihm der Gottesmann anvertraut wurde, und er brachte ihn auf einer Insel des Rheinflusses, namens Stein [Werd], neben seinem Landgut in Gewahrsam. Dort widmete sich der heilige Vater ausschliesslich geistlicher Übung, das heisst dem Beten und Fasten, und diente dem Herrn umso ungehinderter, als er von menschlichem Umgang und irdischen Sorgen befreit war. Mit solchen und ähnlichen Werken bewährter Frömmigkeit beschäftigt ging er nach kurzer Zeit an einem 16. November aus dieser Enge weltlicher Verwirrung in die Weite himmlischer Freude ein. Sein Leichnam wurde auf jener Insel bestattet und verblieb dort während langer Zeit, ohne zu verwesen.

Wie nach langer Zeit sein Leib ohne Verwesung aufgefunden wurde.

Nachdem aber seit seinem Hinschied zehn Jahre verflossen waren, wurden seine Brüder vom Herrn durch eine Erscheinung ermahnt, sie sollten den Leib des teuren Vaters in das Kloster zurückführen. Als dieser Ratschluss des göttlichen Willens offenbar wurde, gingen elf jener Klosterbrüder nachts zum Ort hinunter, in welchem die Überreste des heiligen Mannes lagen, öffneten das Grab und fanden seinen Leichnam von jeder Verwesung unversehrt, mit der einen Ausnahme, dass der äusserste Teil eines Fusses, den das Wasser bespülte, nur wegen veränderter Farbe wie verwesend erschien. In diesem wahrhaft passenden Wunder leuchteten die ersten Anzeichen seiner Heiligkeit auf, und zwar in dem Sinn, dass sein Leib so unversehrt von Verderbnis angetroffen wurde, wie er selber frei gewesen war vom Vergehen, unter dessen Anschuldigung er eine Zeitlang besiegt schien. Nachdem sich daher die frommen Brüder einlässlicher über diese ungewöhnliche Sachlage unterrichtet hatten, erhoben sie ehrfürchtig den Leichnam, brachten ihn auf ein Schiff, entzündeten Kerzen und stellten die eine zu seinen Häupten, die andere zu seinen Füssen.

**Überführung des Leichnams über den stürmischen Bodensee.
St. Gallen, Stiftsbibliothek, Cod. Sang. 602, S. 227**

Oder als fry er was von dem
laster von des vffhebung wege
er gesehen wart Als ob er
überwunden wer In der zit

Mit ersamkait den lichnam von
laitent In in das schiffly vnd
enzunten zwo kertzen vnd saitet
aine zu dem hopt vnd die andern

herumb von diser minne der-
dingt Do wurdent die andecht-
igen brüder dester volkomen-
licher vnterwist vnd manet

Als sy nu den zu den füssen
staben geliessen vnd sich
der vngewissen tieffy empfolen
On mit dem grösten fliss mitt

Wie wunderbar bei der Überführung seines Leibes der Sturm gestillt wurde.

Sie stiessen vom Ufer ab und vertrauten sich den unsicheren Gewalten des tiefen Sees an. Als sie sich mit grösster Beharrlichkeit dem Ruderwerk hingaben, weil sie in aller Eile zurückkehren wollten, brach gleich darauf ein solcher Ansturm von Regen und Winden ein, dass sie kaum an ein Entrinnen glaubten. Doch durch die wunderbare Fügung des allmächtigen Gottes und – wie wir glauben – wegen der Verdienste des heiligen Mannes geschah es, dass sogar die Elemente, die scheinbar ohne Sinne sind, dem Befehl ihres Schöpfers dienten und wahrnahmen, welch grossen Mannes Reliquien dort überführt wurden. Denn der See, der ringsum vom regenschweren Unwetter aufgewühlt war und seine Wellen hoch aufwarf, bereitete den Ruderern überhaupt keine Mühe; sondern wohin immer das Schiff kam, vertrieb es die Winde und zerdrückte es die heranbrausenden Fluten. Und weil so von jeder Seite die Wellendämme, Regengüsse und Windesstürme in beträchtlichem Abstand zurückgehalten wurden, war das Schiff wie mit einem Zaun umgeben, so dass kein einziger Tropfen des allüberall heftig niederprasselnden Regens einfiel. Sogar die Kerzen, die zu Ehren des seligen Vaters brennend beim Haupt und den Füssen hingestellt worden waren, verloren ihr anfängliches Licht solange nicht, bis sein Leichnam in das Kloster getragen wurde.

Stärkung aus dem nicht leer werdenden Fässchen.
St. Gallen, Stiftsbibliothek, Cod. Sang. 602, S. 229

Am klain werden ze versůche
wil me den zů trinken Aber
sy gedachten der wunderzaichen
des herren wie er in der wüsty
fůret so grosse menge des volkes
mit lützelen broten Vnd hiessen
mit der liebi vo dem klainen

Dz sy hatten mit tailen allen
den die gegenwirtig wärent Vnd
mit wunderlicher wise So wieng
an der trank In dem flesschlin
wachsen Dz vo steter vsschiessung
mit gesechen wart Dz er sich
minrote Vnd als lang das die

Sant
Otmar

Der heilige Otmar, verschollener Holzschnitt aus der Sammlung Kemli, Original um 1450/1480, Faksimile im Musterbuch Kemli (1906) in der Stiftsbibliothek.

St. Gallen, Stiftsbibliothek Sammlung Kemli, Musterbuch, S. 18

Vom Überfluss des himmlisch gespendeten Trankes und wo sein Leib nach der Übertragung bestattet wurde.

Noch ein anderes Wunder, das der Herr bei derselben Überfahrt des heiligen Leibes den frommen Brüdern offenbarte, bleibt zu erzählen. Als sie sich nämlich, ermüdet von der übermässigen Anstrengung des Ruderns, bei Anbruch der Essenszeit nach dem Lobgebet zusammensetzten, um durch körperliche Nahrung wieder Kräfte zu gewinnen, gedachten sie schliesslich, dem gesegneten Mahl einen tröstlichen Trunk beizufügen. Doch einer der Diener sagte, an Getränken sei schon nichts mehr übrig ausser dem, was in einer kleinen Flasche aufbewahrt wurde; davon könnte aber jedem eher nur zum Kosten als zum Trinken verabreicht werden. Da gedachten sie der Wunder des Herrn, wie er mit wenigen Broten zahlreiche Menschenmassen gespeist habe, und liessen vom wenigen, das sie hatten, allen Anwesenden mit Liebe spenden. Und in wunderbarer Weise begann die Tranksame im Gefäss so zu wachsen, dass sie trotz ständigem Ausschenken um nichts abzunehmen schien, bis die Trinkenden von der Menge der Becher überboten wurden. Erstaunt ob der unerhörten Neuigkeit, brachten sie dem Herrn und Geber alles Guten, der ihnen so wunderbar Genügen gewährte, Lob und schuldigen Dank dar; und sobald sie sich zur Weiterfahrt wandten, hörte der Trank im Gefäss auf. Als sie dann den Hafen des ersehnten Gestades erreicht hatten, erzählten sie den Brüdern, die ihnen mit Gotteslob entgegenkamen, die Geschehnisse der Reihe nach. In gemeinsamer Freudenfeier übertrugen sie den mit grosser Ehre entgegengenommenen Leib des heiligen Mannes in das Kloster und legten ihn in einem Sarkophag zwischen den Altar des heiligen Täufers Johannes und die Wand. Dort würdigte sich der Herr schon bald darauf, durch dessen wirksame Verdienste Wunder zu offenbaren, welche der Erinnerung würdig sind.

Die Kopfreliquie des heiligen Otmar im Prager Veitsdom

Lorenz Hollenstein

Der heilige Otmar starb bekanntlich auf der Insel Werd nahe beim Ausfluss des Rheins aus dem Bodensee und wurde dort bestattet. Gegen Ende des Jahres 769 oder im Winter darauf konnten die Mönche des Gallusklosters seinen Leichnam nach St.Gallen überführen, wo er beigesetzt wurde.

Dem Reich stand in der Mitte des 14. Jahrhunderts ein Herrscher vor, der ausserordentlich erpicht auf Reliquien war: Karl IV., ab 1346 König von Böhmen, ab 1355 Kaiser. Im September oder Anfang Oktober 1353 bereiste er den Bodenseeraum. Nach Reliquienentnahmen in Konstanz und auf der Reichenau traf er am 24. September in St.Gallen ein. Am 25. liess er die Särge der Heiligen Gallus und Otmar öffnen. Vom Gallus-Leib gaben ihm die Mönche die obere Hälfte des Schädels und zwei andere Knochen. Dann war das Otmarsgrab an der Reihe. Sein Haupt wurde zersägt und dessen oberer Teil und eine Rippe dem König geschenkt. Das Kloster hätte dessen Wünsche kaum ablehnen können. Der Herrscher entschädigte die Abtei indes mit Privilegien. So erteilte er dem Kloster das Markt- und Zollrecht in Appenzell, was ihm beträchtliche Einnahmen sicherte, und bestätigte ihm seine Güter, Freiheiten und Rechte, besonders in der Stadt St.Gallen und in Wil. Karl IV. brachte die Reliquien auf sein Schloss Karlstein, später gelangten sie in die Residenzstadt Prag, das Otmarshaupt in den Veitsdom.

Zwischen der Mitte des 14. Jahrhunderts und der Reformation scheint das «Geschäft» von 1353 in Vergessenheit geraten zu sein. In der Nacht nach dem Bildersturm 1529 fanden die Mönche das Otmarsgrab. Zu ihrem Erstaunen fehlte das Haupt (vgl. S. 77).

Im Jahr 1721 erfuhr der St.Galler Abt Joseph von Rudolphi, dass das Haupt des heiligen Otmar in Prag aufbewahrt werde. Er bemühte sich, es zurück nach St.Gallen zu erhalten, doch vergeblich. Man bedeutete ihm, die St.Galler Reliquien seien Teil der persönlichen Sammlung eines Reichsherrschers, und sie würden im Erzbistum Prag alljährlich am Otmarstag verehrt.

Auf seinen Reisen in Mitteleuropa, vor dem revolutionären Frankreich fliehend, weilte der letzte St.Galler Fürstabt Pankraz Vorster im Mai und Juni 1810 in Prag. Da bemühte er sich, das Haupt Otmars zu Gesicht zu bekommen, das in der Kapelle des heiligen Wenzeslaus im Veitsdom aufbewahrt wurde. Zunächst hielt man ihn hin, da das Otmarshaupt eingeschlossen sei und es aufwendig wäre, es zu präsentieren. Schliesslich hatte Abt Pankraz aber Erfolg, zum 22. Juni notierte er im Tagebuch: «Hatte ich das unschätzbare Glück und die grosse Freude, das Haupt des heil. Vaters Othmari zu sechen und zu küssen; es wird solches unter andern heiligen Reliquien in der Kapelle des hl. Wenceslai in der Domkirche aufbewahret. H. Domdecan machte dazu die Anstalten, und der Dompfarrer war, der die Reliquien herausnahm und zeigte.»

Etwas später vernahm der ehemalige St. Galler Mönch Thomas Brändle, ab 1812 Pfarrer in der Otmarspfarrei Andwil, dass Pankraz Vorster das Otmarshaupt in Prag gesehen habe. Er schrieb seinem früheren Abt, der sich nun in Wien aufhielt, seine Pfarrei und die ganze Gemeinde wünschten voller Begeisterung, das Haupt «ihres» Heiligen zu erhalten. Pankraz Vorster schrieb in der Sache seinem Kontaktmann in Prag und sprach sogar beim Kaiser vor. Andwil bekam das Otmarshaupt jedoch nicht.

Seit 1810 hat offenbar niemand mehr die wertvolle Reliquie gesehen. Den «Freunden der Stiftsbibliothek St. Gallen» gelang es vor einigen Jahren nicht, sie gezeigt zu bekommen. Nun aber, im Oktober 2018, schaffte dies der Reiseunternehmer Georg von Graefe (Silvatur Zürich). Seiner Reisegruppe wurden in feierlichem Ambiente im geschlossenen Veitsdom die dort – nun in der «Sächsischen Kapelle» – aufbewahrten Reliquien, das Haupt des heiligen Otmar und die Kinnlade des heiligen Gallus, präsentiert.

Hochbarocker Reliquienaltar von 1721 in der Sächsischen Kapelle des Prager Veitsdoms, unter anderem mit dem Haupt des heiligen Otmar und der Kinnlade des heiligen Gallus.

Anhang

Anmerkungen

1 Folgende Ausführungen nehmen Gedanken auf aus: Jörg Lauster, Die Verzauberung der Welt. Eine Kulturgeschichte des Christentums, München [5]2018, S. 142–152. Dort sind auch weiterführende Literaturhinweise zur Entstehung der Idee des Klosters zu finden; aus der umfangreichen Literatur zu Abt Otmar in St. Gallen sei verwiesen auf: Arno Borst, Mönche am Bodensee, Sigmaringen [2]1985; Werner Vogler (Hrsg.), Die Kultur der Abtei Sankt Gallen, Zürich 1990; Johannes Duft, Sankt Otmar. Die Quellen zu seinem Leben. Lateinisch und Deutsch, Zürich 1959.

2 Für die Tradition seit Gallus vgl. beispielsweise die Äbtelisten in der Herz Jesu-Kapelle, die Wappenfolge der Äbte im Musiksaal im Dekanatsflügel des Stiftsbezirks oder auch den *Codex Traditionum* von um 1645. Für die Tradition seit Otmar vgl. beispielsweise das karolingische Professbuch im Stiftsarchiv, Ratperts *Casus Sancti Galli*, Vadians *Kürzere Äbtechronik* oder auch Johannes Duft, Anton Gössi und Werner Vogler, Die Abtei St. Gallen, St. Gallen 1986.

3 Dazu grundlegend Max Schär, St. Gallen zwischen Gallus und Otmar 640–720, in: Schweizerische Zeitschrift für Religions- und Kulturgeschichte 102 (2008), S. 317–359.

4 Zur Glaubwürdigkeit der Gallusviten immer noch grundlegend: Walter Berschin, Gallus abbas vindicatus, in: Historisches Jahrbuch 95 (1975), S. 257–277. Neuere Übersetzungen der Gallusviten: Vita sancti Galli vetustissima / Die älteste Lebensbeschreibung des heiligen Gallus, Lateinisch / Deutsch, hrsg. von der Stiftsbibliothek St. Gallen, St. Gallen 2012; Wetti, Die Lebensgeschichte des heiligen Gallus, übersetzt von Franziska Schnoor, in: Der heilige Gallus 612|2012. Leben – Legende – Kult, St. Gallen 2011, S. 167–193; Walahfrid Strabo, Vita sancti Galli / Das Leben des heiligen Gallus, Lateinisch/Deutsch, Übersetzung von Franziska Schnoor, Stuttgart 2012.

5 Schär, St. Gallen zwischen Gallus und Otmar (Anm. 3), S. 318–319.

6 Wetti I, Kap. 26; Wetti, Vita sancti Galli, in: Passiones vitaeque sanctorum aevi Merovingici, Bd. 2, ed. Bruno Krusch, Hannover 1902 (Monumenta Germaniae Historica. Scriptores rerum Merovingicarum 4), S. 256–280, hier S. 270–271; Wetti, Die Lebensgeschichte des heiligen Gallus (Anm. 4), S. 182–183; Walahfrid I, Kap. 26; Walahfrid, Vita sancti Galli (Anm. 4), S. 86–89.

7 Wetti I, Kap. 26; Walahfrid I, Kap. 26; ebd.

8 Ernst Tremp, Der heilige Gallus, Mönch und Einsiedler. Neues zu seiner Herkunft und Persönlichkeit, in: Freiburger Diözesan-Archiv 134 (2014), S. 5–42, Abbildungen S. 53–57, hier S. 18–24.

9 Von Gallus zur Glasfaser. Neujahrsblatt des Historischen Vereins des Kantons St. Gallen, St. Gallen 2012, S. 1–95; Martin Peter Schindler, Neue archäologische Erkenntnisse zu St. Gallen, in: Gallus und seine Zeit. Leben, Wirken, Nachwirken, hrsg. von Franziska Schnoor u. a., St. Gallen 2015, S. 205–221, hier S. 208–209; erste Schlüsse zieht Max Schär, Gallus' Eremitensiedlung im Steinachwald, ebd., S. 183–203.

10 Cornel Dora, Gallus und die Anfänge St. Gallens, in: An der Wiege Europas. Irische Buchkultur des Frühmittelalters, hrsg. von dems. und Franziska Schnoor, St. Gallen 2018, S. 60–61.

11 Wetti I, Kap. 36; Wetti, Vita sancti Galli (Anm. 6), S. 277; Wetti, Lebensgeschichte (Anm. 4), S. 190. Dazu Schär, St. Gallen zwischen Gallus und Otmar (Anm. 3), S. 323–324.

12 Chartularium Sangallense, Bd. 1 (700–840), bearbeitet von Peter Erhart unter Mitwirkung von Karl Heidecker und Bernhard Zeller, St. Gallen 2013, S. 1. Übersetzung nach: Quellen zur Geschichte der Alemannen, Bd. 5: Weitere hagiographische Texte und amtliches Schriftgut, ca. 530–750, übersetzt von Camilla Dirlmeier, Sigmaringen 1983, S. 17. Dazu Schär, St. Gallen zwischen Gallus und Otmar (Anm. 3), S. 335–340.

13 Wetti I, Kap. 38; Wetti, Vita sancti Galli (Anm. 6), S. 278; Wetti, Lebensgeschichte (Anm. 4), S. 191.

14 Ratpert, St. Galler Klostergeschichten (Casus sancti Galli), hrsg. und übers. von Hannes Steiner, Hannover 2002, hier S. 150–153; Schär, Gallus. Der Heilige in seiner Zeit, Basel 2011, S. 255.

15 Walahfrid II, Kap. 10; Walahfrid, Vita sancti Galli (Anm. 4), S. 132–133. Dazu Schär, St. Gallen zwischen Gallus und Otmar (Anm. 3), S. 320–325, 356.

16 Walahfrid II, Kap. 4; Walahfrid, Vita sancti Galli (Anm. 4), S. 122–123.

17 Schär, St. Gallen zwischen Gallus und Otmar (Anm. 3), S. 348–356; Berschin, Gallus abbas vindicatus (Anm. 4).

18 Wetti I, Kap. 35, Wetti, Lebensgeschichte (Anm. 4), S. 189–190.

19 Wetti I, Kap. 37, Wetti, Vita sancti Galli (Anm. 6), S. 278; Wetti, Lebensgeschichte (Anm. 4), S. 190–191. Schär, St. Gallen zwischen Gallus und Otmar (Anm. 3), S. 353–356; Berschin, Gallus abbas vindicatus (Anm. 4).

20 Berschin, Gallus abbas vindicatus (Anm. 4).

21 Ebd., S. 257–258, 276–277; Schär, St. Gallen zwischen Gallus und Otmar (Anm. 3), S. 353–356.

22 Vita sancti Galli vetustissima (Anm. 4). Zur zeitlichen Einordnung immer noch grundlegend: Walter Berschin, Gallus abbas vindicatus (Anm. 4).

23 Ernst Tremp, Leben und Wunder des Mönchs und Einsiedlers Gallus, in: Der heilige Gallus 612|2012 (Anm. 4), S. 11–33, hier S. 14.

24 Wetti, Lebengeschichte (Anm. 4), S. 182.

25 Dazu Schär, St. Gallen zwischen Gallus und Otmar (Anm. 3), und ders., Gallus (Anm. 14).

26 Vita sancti Galli vetustissima (Anm. 4), S. 37 (Kapitel I). Dazu Tremp, Der heilige Gallus (Anm. 8), S. 18–24.

27 Vadian zitiert die Urkunde in seinem Werk *Von dem frommen einsidel Sanct Gallen und von anfang, stand und wesen seines closters:* Joachim von Watt (Vadian), Chronik der Aebte des Klosters St. Gallen, Erste Hälfte, ed. Ernst Götzinger (Deutsche Historische Schriften, Bd. 1), St. Gallen 1875, S. 113. Handschriftlich ist der Text überliefert in der Fechter-Chronik von 1549, St. Gallen, Stadtarchiv der Ortsbürgergemeinde, AA Bd. 677a, gedruckt im 2. Band der Stumpf-Chronik, Johannes Stumpf, Gemeiner loblicher Eydgnoschafft Stetten, Landen und Völckeren Chronick wirdiger Thaaten Beschreybung, Bd. 2, fol. 12r. Vgl. auch Rudolf Gamper, Vadians historische Schriften, in: Vadian als Geschichtsschreiber, hrsg. von dems., S. 13–20, hier S. 18; Peter

Erhart, ... *und mit alter briefen urkund (dorthin gemischlet) bestäht.* Der frühmittelalterliche Urkundenschatz des Klosters St.Gallen in den Händen Vadians, ebd., S. 69–98, mit einer Übersichtstabelle S. 95–97.

28 Chartularium Sangallense (Anm. 12), S. 1. Übersetzung nach: Dirlmeier (Übers.), Quellen zur Geschichte der Alemannen (Anm. 12), S. 17.

29 Dieter Geuenich, Zu den Namen der Alemannenkönige, in: Studien zu Literatur, Sprache und Geschichte in Europa, hrsg. von Albrecht Greule u. a., St. Ingbert 2008, S. 641–654, hier S. 651, 653.

30 Dieter Geuenich, Geschichte der Alemannen, Stuttgart 1997, S. 103; die zahlreichen Hypothesen hat Ludwig Dinzinger in einer unpublizierten Arbeit zusammengetragen, die sich im Stiftsarchiv St.Gallen befindet: Ludwig Dinzinger, Das Gallus-, Desiderius- und Nazarius-Kloster bei Stuttgart und die politische und kirchliche Struktur am mittleren Neckar im 8. Jahrhundert, [Stuttgart 2011].

31 Dazu Schär, St.Gallen zwischen Gallus und Otmar (Anm. 3), S. 335–340; Peter Erhart, Herr und Nachbar. Beziehungen zwischen dem Kloster St.Gallen und der Baar in der Karolingerzeit, in: Die Baar als Königslandschaft, hrsg. von Volkhard Huth und R. Johanna Regnath, Ostfildern 2010, S. 127–160, hier S. 127–129.

32 Karl Schmuki, Die Sankt Galler Klosterdruckerei 1633–1798, in: Karl Schmuki und Cornel Dora, Ein Tempel der Musen. Die Klosterbibliothek von St.Gallen in der Barockzeit, St.Gallen 1996, S. 73–84, hier S. 75; Gustav Scherrer, Die gedruckte St.Gallische Dokumentensammlung, in: Archiv für Schweizerische Geschichte 16 (1868), S. 158–176. Der erste Band des *Codex Traditionum* mit den wertvollen frühmittelalterlichen Urkunden ist sowohl in der Stiftsbibliothek als Cod. Sang. 1407a als auch im Stiftsarchiv St.Gallen als Band 61 erhalten.

33 Alle diese Texte und Quellenangaben finden sich bei Duft, Sankt Otmar (Anm. 1), S. 22–25, 40–45, 54–57. Inzwischen liegen neue Ausgaben mit deutschen Übersetzungen für Walahfrids Gallusleben und Ratpert vor: Walahfrid, Vita sancti Galli (Anm. 4), zu Otmar S. 132–137; Ratpert, St.Galler Klostergeschichten (Anm. 14), zu Otmar S. 150–159.

34 Karolingisches Professbuch der Abtei St.Gallen, St.Gallen, Stiftsarchiv, C3 B56. Das Professbuch der Abtei St.Gallen. St.Gallen / Stifts-Archiv, Cod. Class. 1. Cist. C.3 B.56. Phototypische Wiedergabe mit Einführung und einem Anhang, hrsg. von Paul M. Krieg, Augsburg 1931.

35 Beat von Scarpatetti, Die Handschriften der Stiftsbibliothek St.Gallen, Bd. 1: Abt. IV: Codices 547–669, beschreibendes Verzeichnis, Wiesbaden 2003, S. 49.

36 Duft, Sankt Otmar (Anm. 1), S. 70–73.

37 Walahfrid Strabo, Das Leben des heiligen Abtes Otmar, Kap. 1, ebd., S. 22–25.

38 Vgl. Duft/Gössi/Vogler, Die Abtei St.Gallen (Anm. 2), S. 19. Die Mischregel *(regula sancti Benedicti vel sancti Columbani)* sieht Friedrich Prinz für zahlreiche Klöster im Frankenreich, vor allem Tochtergründungen von Luxeuil, bezeugt, vgl. Friedrich Prinz, Frühes Mönchtum im Frankenreich, 2., durchgesehene und um einen Nachtrag ergänzte Aufl., Darmstadt 1988, S. 263–292, 645. Kritisch äussert sich dazu Albrecht Diem, der unter *regula sancti Benedicti vel sancti Columbani* nicht einen Regeltext versteht, sondern eine spezifische «klösterliche Lebensweise», vgl. Albrecht Diem, Was bedeutet «regula Columbani»?, in: Integration und Herrschaft. Ethnische Identitäten und soziale Organisation im Frühmittelalter, hrsg. von Walter Pohl und Maximilian Diesenberger, S. 63–89, bes. S. 63–64, 89; ders., Die «Regula Columbani» und die «Regula Sancti Galli». Überlegungen zu den Gallusviten in ihrem karolingischen Kontext, in: Schnoor u. a. (Hrsg.), Gallus und seine Zeit (Anm. 9), S. 65–97, bes. S. 67–73, 96–97.

39 Walahfrid, Vita sancti Galli (Anm. 4), S. 134–135.

40 Diem, Die «Regula Columbani» und die «Regula Sancti Galli» (Anm. 38), S. 79, sieht in Walahfrids Darstellung einen «gezielten ... Anachronismus».

41 Vgl. Duft/Gössi/Vogler, Die Abtei St.Gallen (Anm. 2), S. 19.

42 So vermutet Duft, Sankt Otmar (Anm. 1), S. 14.

43 Edition und Übersetzung des zweiten Buchs: Gregor der Große, Der hl. Benedikt. Buch II der Dialoge lateinisch/deutsch, hrsg. im Auftrag der Salzburger Äbtekonferenz, St.Ottilien 2008 (Kurzzusammenfassung des Lebens Benedikts dort S. 13–14); Gregor der Große, Vita Benedicti. Das Leben und die Wunder des verehrungswürdigen Abtes Benedikt. Lateinisch/Deutsch, übers. und komm. von Gisela Vollmann-Profe, Stuttgart 2015; ausführlicher Kommentar: Michaela Puzicha, Kommentar zur *Vita Benedicti.* Gregor der Große: Das zweite Buch der Dialoge – Leben und Wunder des ehrwürdigen Abtes Benedikt, im Auftrag der Salzburger Äbtekonferenz, St.Ottilien 2012 (zu den Intrigen gegen Benedikt dort S. 194–202).

44 Vgl. Puzicha, Kommentar (Anm. 43), S. 50–52.

45 Übersetzung: Gregor der Große, Der hl. Benedikt (Anm. 43), S. 199.

46 Zur Handschrift vgl. Elias A. Lowe, Codices Latini Antiquiores. A palaeographical guide to Latin manuscripts prior to the ninth century, Part 7: Switzerland, Oxford 1956, S. 26, Nr. 924; Julia Becker und Tino Licht, Karolingische Schriftkultur. Aus der Blütezeit des Lorscher Skriptoriums, Regensburg 2016, Nr. 3. Lowe ordnet den Codex nach Nordostfrankreich ein, Becker/Licht nach Corbie.

47 Vgl. Lowe, Codices Latini Antiquiores (Anm. 46).

48 Die anderen beiden Handschriften sind Cod. Sang. 914, die textgeschichtlich wichtigste Abschrift der Regel, und Cod. Sang. 915, das älteste Kapiteloffiziumsbuch des Klosters St.Gallen, in dem die Regel so präsentiert ist, dass sie sich besonders gut vorlesen lässt.

49 Ausführlich zur Handschrift und zum althochdeutschen Text: Achim Masser, Kommentar zur lateinisch-althochdeutschen Benediktinerregel des Cod. 916 der Stiftsbibliothek St.Gallen, Göttingen 2002. Zur Entstehung des Codex in St.Gallen und den beteiligten Schreibern dort, S. 26–27.

50 Vgl. ebd., S. 38.

51 Vgl. ebd., S. 34–37, 45–51.

52 *fioreo* ist im Althochdeutschen Genitiv Plural, der Glossator hat das Zahlwort also wohl fälschlich auf *monachorum* bezogen. Vgl. Althochdeutsches Wörterbuch. Auf Grund der von Elias von Steinmeyer hinterlassenen Sammlungen, Bd. 3, Berlin 2007, Sp. 888.

53 Übersetzung: Walahfrid, Vita sancti Galli (Anm. 4), S. 135, 137.

54 Vgl. den Kommentar von Ernst Tremp zur Stelle, ebd., S. 231.

55 Lauster, Die Verzauberung der Welt (Anm. 1).

56 Vgl. Annina Seiler, Bedas Sterbelied, in: Geheimnisse auf Pergament. Katalog zur Jahresausstellung in der Stiftsbibliothek St. Gallen (3. Dezember 2007–9. November 2008), St. Gallen 2008, S. 80–81.

57 Ernst Tremp, Art. Cannstadt, Gerichtstag von, e-hls, www.hls-dhs-dss.ch/textes/d/D26837.php (5.2.19).

58 Cornel Dora, Bedas Historia Ecclesiastica Gentis Anglorum, in: Karl Schmuki, Peter Ochsenbein und Cornel Dora, Cimelia Sangallensia. Hundert Kostbarkeiten aus der Stiftsbibliothek St. Gallen, St. Gallen [2]2000, S. 82–83.

59 Karl Heidecker und Bernhard Zeller, Kommentar zu den Datierungen (700–840) in: Chartularium Sangallense (Anm. 12), S. XVII–XXVI, hier S. XVII.

60 James D. Palmer, The Adoption of the Dionysian Easter in the Frankish Kingdoms (c. 670–c. 800), in: Peritia 28 (2017), S. 135–154, hier S. 135–136.

61 Zur Handschrift und ihren Ostertafeln vgl. Kerstin Springsfeld, Eine Beschreibung der Handschrift St. Gallen, Stiftsbibliothek, 225, in: Computus and its Cultural Context in the Latin West, AD 300–1200. Proceedings of the 1st International Conference on the Science of Computus in Ireland and Europe, Galway, 14–16 July, 2006, hrsg. von Immo Warntjes und Dáibhí Ó Cróinín, Turnhout 2010, S. 204–237.

62 Dazu: Jeffrey Burton Russell, Inventing the Flat Earth. Columbus and Modern Historians, Westport, Connecticut 1997.

63 Beda, Opera de temporibus, ed. Charles W. Jones, Cambridge, Massachusetts 1943, Text von *De temporum ratione* auf S. 173–291. Englische Übersetzung: Bede: The Reckoning of Time, translated, with introduction, notes and commentary by Faith Wallis, Liverpool 1999. Zu Bedas Adaption der Lehre der sechs Weltalter nach Eusebius, Augustinus und Isidor von Sevilla vgl. ebd., S. 353–366.

64 Beda, Opera de temporibus, ed. Jones (Anm. 63), S. 239–240, bes. S. 366–367; Bede: The Reckoning of Time, übers. Wallis (Anm. 63), S. 91; Russell, Inventing the Flat Earth (Anm. 62), S. 20.

65 Auf den Seiten 3–5 der Handschrift ist wiederholt von *praesenti anno dcccx* («im gegenwärtigen Jahr 810») die Rede und die Ostertafeln auf den Seiten 22–25 erstrecken sich von 810 bis 911. Beda, Opera de temporibus, ed. Jones (Anm. 63), S. 147–148. Zur Datierung vgl. Albert Bruckner, Scriptoria medii aevi helvetica, Bd. 2: St. Gallen I, Genf 1936, S. 75.

66 Karl Schmuki, Der St. Galler Abt Purchart II. (1001–1022) lässt einen Erd- und Himmelsglobus *(spera)* herstellen, in: Karten und Atlanten. Handschriften und Drucke vom 8. bis 18. Jahrhundert, St. Gallen 2007, S. 36–37.

67 Zum Labyrinth vgl. Hermann Kern, Labyrinthe. Erscheinungsformen und Deutungen. 5000 Jahre Gegenwart eines Urbilds, München 1982; Christine Walde, Art. Labyrinth, in: Der neue Pauly, Bd. 6, Stuttgart 1999, Sp. 1036–1038; Hans von Geisau, Art. Labyrinthos, in: Der Kleine Pauly, Bd. 3, München 1979, Sp. 433–435.

68 Eine vierte in St. Gallen um 850 gezeichnete Darstellung befindet sich heute in Rom in der Biblioteca Apostolica Vaticana, Reg. lat. 438, fol. 35v, eine fünfte im Stift Zwettl, Stiftsbibliothek, Cod. 255, fol. 12v. Zu Cod. Sang. 878: Bernhard Bischoff, Eine Sammelhandschrift Walahfrid Strabos (Cod. Sang. 878), in: ders., Mittelalterliche Studien, Bd. 2, Stuttgart 1967, S. 34–51; zu Cod. Sang. 825: Kern, Labyrinthe (Anm. 67), S. 176 und Abb. 209; zu Cod. Sang. 197: Annina Seiler, Labyrinth, in: Geheimnisse auf Pergament (Anm. 56), S. 66–67.

69 Kern, Labyrinthe (Anm. 67), S. 71, 140–141, 162–163, 176.

70 Ebd., S. 43–46.

71 Dazu aus verschiedenen Blickwinkeln: Caritas. Nächstenliebe von den frühen Christen bis zur Gegenwart, hrsg. von Christoph Stiegemann, Peteresberg 2015, insbesondere die Beiträge von Arnold Angenendt, Otto Gerhard Oexle, Elisa Klapheck / Klaus von Stosch / Daniel Rumel, Thomas Sternberg und Rudolf Schieffer.

72 Cornel Dora, «What you did for one of these least ones, you did for me». Caring for the Poor and the Sick in Early Medieval Saint Gall, in Vorbereitung.

73 Timothy S. Miller und John W. Nesbitt, Walking Corpses. Leprosy in Byzantium and the Medieval West, Ithaca 2014. Immer noch hilfreich: Aussatz, Lepra, Hansen-Krankheit. Ein Menschheitsproblem im Wandel, hrsg. von Jörn Henning Wolf, Teil 2: Aufsätze, Würzburg 1986. Die Lepra wird durch Bakterien ausgelöst, deren Ursprung bis heute nicht völlig geklärt ist. Die schriftlichen Quellen deuten darauf hin, dass die Seuche in Ostafrika ihren Ausgang nahm, sukzessive von Osten nach Westen wanderte und schliesslich Spanien und England erreichte. Marc Monot, Nadine Honoré, Thierry Garnier u. a., On the Origin of Leprosy, Science 308 (13. Mai 2005), S. 1040–1042; vgl. auch Art. Lepra, in: Wikipedia, https://de.wikipedia.org/wiki/Lepra (29.12.18). Kürzlich haben Paläopathologen aus Deutschland und der Schweiz jedoch Hinweise darauf gefunden, dass Europa und der Handel mit Eichhörnchenfellen eine grössere Rolle in der Verbreitung gespielt haben könnten. Verena J. Schuenemann, Charlotte Avanzi, Ben Krause-Kyora und Alexander Seitz, Ancient genomes reveal a high diversity of Mycobacterium leprae in medieval Europe, https://doi.org/10.1371/journal.ppat.1006997 (29.12.18).

74 Monot/Honoré/Garnier, On the Origin of Leprosy (Anm. 73); vgl. auch Art. Lepra, in: Wikipedia (Anm. 73).

75 Vgl. dazu Peter Paul Gläser, Der Lepra-Begriff in der patristischen Literatur, in: Wolf (Hrsg.), Aussatz, Lepra, Hansen-Krankheit (Anm. 73), S. 63–67. Erst etwas später wird die mittelalterliche Lepraschau verlässlicher. Vgl. Gundolf Keil, Der Aussatz im Mittelalter, ebd., S. 85–102, hier S. 87.

76 Dazu gibt es noch die indeterminierte Gruppe, die in eine der anderen übergehen kann. Karl Friedrich Schaller, Die Klinik der Lepra, ebd., S. 17–26.

77 Art. Lepra, in: Wikipedia (Anm. 73).

78 Cod. Sang. 568, S. 26.

79 Im Zusammenhang mit Konstantin und dem Aussatz wird andernorts noch eine zweite Geschichte überliefert, die teilweise mit der Sylvesterlegende verbunden ist. So soll Konstantin den Mönch Zotikos mit dem Tod

bestraft haben, weil dieser den Aussätzigen um die Stadt Konstantinopel herum aus christlicher Nächstenliebe zu Hilfe gekommen war. Timothy S. Miller, The Legend of Saint Zotikos According to Constantine Akropolites, in: Analecta Bollandiana 112 (1994), S. 339–376; ders., The Orphans of Byzantium. Child Welfare in the Christian Empire, Washington 2003, S. 52–56.

80 Anton von Euw, Die St. Galler Buchkunst vom 8. bis zum Ende des 11. Jahrhunderts, Bd. 1: Textband, St. Gallen 2008, S. 442–443.

81 Sulpicius Severus, Vita sancti Martini / Das Leben des heiligen Martin. Lateinisch/Deutsch. Übersetzung, Anmerkungen und Nachwort von Gerlinde Huber-Rebenich, Stuttgart 2010, S. 48–49 (Kap. 18, 3).

82 Venantius Fortunatus, Vita sanctae Radegundis / Das Leben der heiligen Radegunde. Lateinisch/ Deutsch. Übersetzung, Anmerkungen und Nachwort von Gerlinde Huber-Rebenich, Stuttgart 2008.

83 Gerlinde Huber-Rebenich, Leben und Wirken Radegunds, ebd., S. 77–78.

84 Ebd., S. 24–27 (Kap. 19).

85 Cornel Dora, Ein Spital für Aussätzige, in: Abracadaba. Medizin im Mittelalter, St. Gallen 2016, S. 74–77. Grundlegend für die Lepra in der Schweiz: Christian Müller, Lepra in der Schweiz, Zürich 2007; ausserdem Friedrich Bühler, Der Aussatz in der Schweiz. Medicinisch-historische Studien, 3 Hefte, Zürich 1903–1905;

86 Walahfrid Strabo, Das Leben des heiligen Abtes Otmar, übersetzt von Johannes Duft, unten S. 84–102, hier S. 86.

87 Johannes Duft, Sankt Otmar in Kult und Kunst, St. Gallen 1966, S. 54–55; Dankwart Leistikow, Bauformen der Leproserie im Abendland, in: Wolf (Hrsg.), Aussatz, Lepra, Hansen-Krankheit (Anm. 73), S. 103–149, hier S. 107.

88 Walahfrid, Das Leben des heiligen Abtes Otmar (Anm. 86), S. 27.

89 Regula Benedicti, Kapitel 36 (Die kranken Brüder). Die Benediktusregel. Lateinisch / Deutsch, hrsg. im Auftrag der Salzburger Äbtekonferenz, 3. Aufl., Beuron 2011, S. 87–88.

90 Von Euw, St. Galler Buchkunst (Anm. 80), S. 551–553.

91 Zur St. Galler Sprachgeschichte in der vorliterarischen Zeit vgl. Stefan Sonderegger, Sprachgeschichte und Sprachraum – Dialekt und Literatur, in: St. Gallen. Geschichte einer literarischen Kultur, hrsg. von Werner Wunderlich, St. Gallen 1999, Bd. 1: Darstellung, S. 47–109, hier S. 48–50.

92 Die nächsten Fundorte liegen im heutigen Kanton Zürich, mit dem jüngsten Fund – eine Adlerkopfnadel aus dem 7. Jh. mit einem Personennamen in Runen – in Elgg, das 760 erstmals in einer Schenkungsurkunde an das Kloster St. Gallen erwähnt ist. Zur Runeninschrift siehe Martin Hannes Graf, Adina Wicki und Renata Windler, Eine Adlerkopfnadel mit Runeninschrift(en) aus Elgg (Kt. Zürich/CH), in: Archäologisches Korrespondenzblatt 46 (2016), S. 379–398.

93 Wilhelm Braune, Althochdeutsche Grammatik, 15. Aufl., bearb. von Ingo Reiffenstein, Tübingen 2004, §5a).

94 Andreas Nievergelt, The Old English Dry-Point Glosses, in: Anglo-Saxon Micro-Texts, hrsg. von Ursula Lenker u. a. (im Druck).

95 Die von Clausdieter Schott formulierte Theorie, dass die *Lex Alamannorum* eine Fälschung des Klosters Reichenau sei, ist bislang weder bewiesen noch eindeutig widerlegt worden. Clausdieter Schott, Zur Geltung der Lex Alamannorum, in: Die historische Landschaft zwischen Lech und Vogesen. Forschungen und Fragen zur gesamtalemannischen Geschichte, hrsg. von Pankraz Fried und Wolf-Dieter Sick, Augsburg 1988, S. 75–105, hier S. 80; Vincenz Schwab, Volkssprachige Wörter in Pactus und Lex Alamannorum, Bamberg 2017, S. 27–28.

96 Der *Pactus* ist nur in einer einzigen Handschrift überliefert: Paris, BnF lat. 10753, ca. Mitte 9. Jh., Burgund (?).

97 Schwab, Volkssprachige Wörter (Anm. 95), S. 11, 15 und passim.

98 Ebd., S. 78.

99 Bernhard Bischoff, Paläographische Fragen deutscher Denkmäler der Karolingerzeit, in: ders., Mittelalterliche Studien, Bd. 3, Stuttgart 1981, S. 73–111, hier S. 75, Anm. 3.

100 Vgl. Andreas Nievergelt, Unsichtbare Schrift, in: Geheimnisse auf Pergament (Anm. 56), S. 87–94, hier S. 88.

101 Elias Steinmeyer und Eduard Sievers, Die althochdeutschen Glossen, Bd. 1, Berlin 1879, S. 758, Z. 12–13; Lothar Voetz, Neuedition der althochdeutschen Glossen des Codex Sangallensis 70, in: Althochdeutsch, hrsg. von Rolf Bergmann u. a., Heidelberg 1987, S. 467–499, hier S. 476.

102 Die Glosse wurde bislang durchweg in falscher Lesung veröffentlicht. Vgl. Steinmeyer/Sievers, Glossen (Anm. 101), S. 758, Z. 18–19; Voetz, Neuedition (Anm. 101), S. 476. Wegen ihrer Form im Dativ muss die Glosse älter sein als die Korrektur des Textwortes aus *condemnacione.*

103 Zwei von ihnen befinden sich heute noch in der Stiftsbibliothek St. Gallen: Cod. Sang. 292 und 868. Zu dieser Gruppe vgl. Andreas Nievergelt, St. Galler Glossenhandschriften, in: Die althochdeutsche und altsächsische Glossographie. Ein Handbuch, hrsg. von Rolf Bergmann und Stefanie Stricker, Berlin 2009, S. 1462–1527, hier S. 1525.

104 Rom, Vatikanstadt, BAV Reg. lat. 1562. Die germanistische Schlussfolgerung ist nicht stichhaltig. Siehe dazu Nievergelt, Glossenhandschriften (Anm. 103), S. 1485.

105 Claudia Wich-Reif, Der Glossartyp Textglossar, in: Bergmann/Stricker (Hrsg.), Glossographie (Anm. 103), S. 602–618, hier S. 605.

106 Claudia Wich-Reif, Studien zur Textglossarüberlieferung. Mit Untersuchungen zu den Handschriften St. Gallen, Stiftsbibliothek 292 und Karlsruhe, Badische Landesbibliothek St. Peter 87, Heidelberg 2001, passim.

107 Vgl. die Überlegungen zu den Anfängen der Schriftlichkeit in St. Gallen bei Rupert Kalkofen, Literarisches Leben, in: Wunderlich (Hrsg.), St. Gallen (Anm. 91), S. 759–861, hier S. 766.

108 Gustav Scherrer, Verzeichniss der Handschriften der Stiftsbibliothek von St. Gallen, Halle 1875, S. 67.

109 Die Einträge folgen dem Werktext auf S. 421. Siehe Lowe, Codices Latini Antiquiores (Anm. 46), Nr. 913.

110 Scherrer, Verzeichniss (Anm. 108), S. 66; Emile Lesne, Histoire de la propriété ecclésiastique en France, Bd. 4:

Les livres «Scriptoria» et Bibliothèques du commencement du VIIIe à la fin du XIe siècle, Lille 1938, S. 41; Lowe, Codices Latini Antiquiores (Anm. 46), Nr. 913; Martin Hellmann, Tironische Noten in der Karolingerzeit am Beispiel eines Persius-Kommentars aus der Schule von Tours, Hannover 2000, S. 258.

111 Cod. Sang. 728, S. 18, Z. 1–2.

112 Karl Schmuki, Verkündigung des Glaubens, in: Ernst Tremp, Karl Schmuki und Theres Flury, Benediktinisches Mönchtum. Ausstellung zum Gedenken an die Aufhebung der Fürstabtei St. Gallen vor 200 Jahren, St. Gallen 2005, S. 108–120, hier S. 110.

113 Andreas Nievergelt, Althochdeutsch in Runenschrift. Geheimschriftliche althochdeutsche Griffelglossen, 2., aktual. und erw. Aufl., Stuttgart 2019, S. 90–93.

114 Rudolf Gamper, Philipp Lenz und Andreas Nievergelt, unter Mitarbeit von Peter Erhart und Eva Schulz-Flügel, Die Vetus Latina-Fragmente aus dem Kloster St. Gallen. Faksimile – Edition – Kommentar, Dietikon-Zürich 2012, S. 169–170.

115 Ebd., S. 65.

116 Ebd., S. 61.

117 Ebd., S. 41–43.

118 Ebd., S. 52–54.

119 Lowe, Codices Latini Antiquiores (Anm. 46), Nr. 917.

120 Zur Otmarsvita von Walahfrid/Gozbert und den Wunderberichten Isos vgl. Duft, Sankt Otmar (Anm. 1), S. 10–17; ders., Die Lebensgeschichten der Heiligen Gallus und Otmar, St. Gallen u. a., 1988, S. 55–56.

121 Beschreibung der Handschrift: von Scarpatetti, Handschriften (Anm. 35), S. 159–162. Vgl. auch Karl Schmuki, Das bebilderte St. Galler Legendar des Conrad Sailer, in: ders. u. a., Cimelia Sangallensia (Anm. 58), S. 164–165.

122 Vgl. Andreas Bräm, Buchmalerei der Abtei und Stadt St. Gallen, der Abteien Pfäfers, Fischingen und Rheinau, in: Buchmalerei im Bodenseeraum. 13. bis 16. Jahrhundert, hrsg. von Eva Moser, Friedrichshafen 1997, S. 155–189, 334–335, hier S. 158–159, 334–335.

123 Zum Weinfässchen als Attribut vgl. Johannes Duft, Sankt Otmar in Kult und Kunst (Anm. 87), S. 121–127.

124 Zu den zahlreichen Translationen Otmars vgl. ebd., S. 13–20.

125 Vgl. ebd., S. 114–115; das Epitaph steht in Cod. Sang. 1719 auf S. 49.

126 Edition: Fridolin Sichers Chronik, ed. Ernst Götzinger, St. Gallen 1885. Zu Sichers Leben und Werk dort bes. S. IV–VIII.

127 Dieses und das Folgende ebd., S. 94 *(Von Sant Othmar, wie er darvon komen ist)*, dort auch das Zitat.

128 Vgl. Cornel Dora, Zum 300. Todesjahr von Kardinal Cölestin Sfondrati, in: Karl Schmuki und Cornel Dora, Ein Tempel der Musen. Die Klosterbibliothek von St. Gallen in der Barockzeit, St. Gallen 2006, S. 85–96, hier S. 92.

129 Die Zuweisung der Miniaturen an Gabriel Hecht nach mündlicher Auskunft von Karl Schmuki. Zu Hecht und seiner künstlerischen Tätigkeit vgl. Rudolf Henggeler, Profeßbuch der Fürstlichen Benediktinerabtei der Heiligen Gallus und Otmar zu St. Gallen, Zug 1929, Nr. 411, S. 345–346; Werner Vogler und Hans Martin Gubler, Der St. Galler Stiftsbezirk in den Plänen von P. Gabriel Hecht 1720–1726, 2 Bde., Rorschach 1986.

130 Vgl. Erwin Poeschel, Die Kunstdenkmäler des Kantons St. Gallen, Bd. 3: Die Stadt St. Gallen: Zweiter Teil. Das Stift, Basel 1961, S. 53–56.

131 Zur Gattung Sequenz vgl. Wolfram von den Steinen, Notker der Dichter und seine geistige Welt, 2 Bde., Bern 1948; Andreas Haug, Der Sequentiarteil des Codex Einsiedeln 121, in: Odo Lang (Hrsg.), Codex 121 Einsiedeln. Graduale und Sequenzen Notkers von St. Gallen, Faksimile und Kommentar, Weinheim 1991, S. 207–256; knapp zusammenfassend Franziska Schnoor, Sequenzen des Notker Balbulus, in: Musik im Kloster St. Gallen, St. Gallen 2010, S. 34.

132 Zu den beiden Sequenzen vgl. von den Steinen, Notker der Dichter, Editionsbd., S. 128–129; Darstellungsbd., S. 433–435, 475, 601–602, 612–613; Duft, Sankt Otmar in Kult und Kunst (Anm. 87), S. 102–104. Während Duft es für möglich hält, dass die ältere Sequenz eine frühe Schöpfung Notkers ist, lehnt von den Steinen das aus stilistischen Gründen ab.

133 Cod. Sang. 381, S. 472–473.

134 Vgl. Duft, Sankt Otmar in Kult und Kunst (Anm. 87), S. 118.

135 Vgl. Axel Beer, Art. Notendruck. II. Seit dem 16. Jahrhundert. 2. Typendruck, in: Die Musik in Geschichte und Gegenwart, 2., neubearb. Ausg., Sachteil 7, Kassel 1997, Sp. 443–445.

136 Duft, Sankt Otmar (Anm. 1), S. 22–39.

Register der Handschriften und Drucke

Abbildungsnachweis

Prag, Verwaltung der Prager Burg (Správa Pražského hradu): 107
St. Gallen, Stiftsarchiv: 15
St. Gallen, Vadianische Sammlung der Ortsbürgergemeinde: 76